LUIS F. VARASA SOBRINO

GW00496813

VISITA
LA CORUÑA

EDITORIAL EVEREST, S. A.

MADRID • LEON • BARCELONA • SEVILLA • GRANADA • VALENCIA
ZARAGOZA • LAS PALMAS DE GRAN CANARIA • LA CORUÑA
PALMA DE MALLORCA • ALICANTE – MEXICO • BUENOS AIRES

Fotografías: *J. A. Gómez*
Moncho L. Sabin
Francisco Díez
Oronoz
Archivo Everest
Xurxo Lobato

Cartografía: *Everest*

Diseño de cubierta: *Alfredo Anievas*

Maquetación: *María Casas*

© EDITORIAL EVEREST, S. A.
Carretera León-La Coruña, km 5 - LEÓN
ISBN: 84-241-3996-8
Depósito legal: LE. 1071-1992
Printed in Spain - Impreso en España

EDITORIAL EVERGRÁFICAS, S. A.
Carretera León-La Coruña, km 5
LEÓN (España)

I. ASPECTOS GENERALES DE LA CORUÑA

LA CORUÑA, FORMACIÓN DE UNA CIUDAD

Islote rocoso varado cerca de la costa, que corrientes marinas y ligeros sedimentos fueron amarrando al litoral, trazando un estrecho istmo atravesado entre el Atlántico y la desembocadura del Mero, su ría. Así al noroeste se crea la Ensenada del Orzán abierta a los embates oceánicos, al sudeste un entrante cobijado que será escogido como refugio de barcos.

Un contorno original de tierras perfiladas por el mar, orientó en gran parte el destino de esta ciudad. Un puerto resguardado, situado como escala en una ruta antigua de metales que enlazaba el Mediterráneo con el Canal de la Mancha, favoreció la implantación portuaria y próxima, en las protegidas elevaciones de la península, las viviendas de sus gentes. Se desarrolla así el primer núcleo habitado que el tiempo convertiría en urbe: la Ciudad Alta desde un punto de vista topográfico, la *Ciudad Vieja* desde una valoración histórica.

La expansión mercantil en los últimos siglos medievales fue colonizando el istmo asentando emigrantes y actividades comerciales como la descarga y venta de pescado. Se desarrolló así la Ciudad Baja o *Pescadería*.

El tercer gran momento se produce en la segunda mitad del s. XIX coincidiendo con un renovado momento de crecimiento económico y demográfico: el Relleno de la Pescadería o La Coruña extendiéndose sobre el mar, y los nuevos *ensanches urbanos* que en forma de abanico impulsan a la ciudad tierra adentro. Nuevos barrios se van yuxtaponiendo vertebrándose con los enlaces concéntricos que trazan las grandes rondas, la de Nelle y la de Outeiro. Es la tercera y nueva ciudad de La Coruña.

La *superficie* del municipio es

Ría de La Coruña.

pequeña, con sus 36,8 km^2, la menor de las capitales españolas, salvo Cádiz. Su *población* ronda los 262000. Entre ambas cifras se desarrolla una ciudad agradable, acogedora lejos de magnitudes mastodónticas. Sin distancias exageradas, con personas que suelen conocerse y saludarse en sus calles, con gente no atosigada por la prisa y la aglomeración.

Un *clima* suave sin excesiva lluvia (990 mm) que permite unos 200 días de insolación anuales con una temperatura media de 13,8 °C. En enero es de 10 °C, no muy fría; en agosto oscila en torno a los 19 °C por lo que no agobia el calor. Naturaleza, paisaje, pueblo alejado de extremismos, expresan este equilibrio que flota en su ambiente, que uno capta cuanto más lo respira y conoce, que le acompañará, cuando se vaya, como un agradable recuerdo.

LA CORUÑA, CIUDAD EN LA HISTORIA

Posiblemente las primeras formas de vida colectiva organizada comenzasen en torno a un castro, que los naturales llamarían *Brigancio* y los romanos tradujeron por *Brigantium*, situado en la Ciudad Alta, luego llamada Vieja. El mar, el puerto, los intercambios comerciales actuarían como elemento aglutinador entre las diferentes comunidades castreñas que poblaban el *hinterland* de la bahía, allí se encontraría el llamado por los antiguos escritores *Magnus Portus Artabrorum*. Emplazamientos que han sido olvidados o destruidos por la acción del hombre y el tiempo de los siglos. Cerca de la ciudad, en el Castro de Elviña, ha sido desenterrado uno de ellos. Cada año se sigue excavando buscando el conocimiento y la identidad de ese pasado.

Llegaron luego los romanos, vieron y se quedaron. Desde Publio Licinio (93 a. de C.) y Julio César (61 a. de C.) exploraron. Con Octavio César Augusto (29 a 19 a. de C.), comenzó la ocupación sistemática. Primero destruyeron los castros, luego romanizaron. Concentraron sus poblaciones e hicieron de *Flavia Brigantia*, por la dinastía del emperador Vespasiano, ciudad romana y centro de rutas y de comercio. La Coruña romana ocuparía el área y los alrededores de la Ciudad Alta. Su vía de acceso sería la actual línea de la calle Real. Sus márgenes servían de cementerio, según costumbre de los romanos. Construyeron a principios del s. II, en tiempos del emperador Trajano la Torre-faro de Hércules, luz de la noche, orientadora de barcos, afirmación de la creciente importancia del comercio y del puerto coruñés. Será ya símbolo que se irá fundiendo con la historia de la ciudad.

Las invasiones, las guerras, y las épocas oscuras llegaron con el hundimiento romano, con los primeros siglos medievales. Son los tiempos de inseguridad que harán del guerrero y del eclesiástico, de la espada y la ayuda divina los nuevos protagonistas de la crónica ciudadana. La Torre de Hércules dejó de ser faro, apagó su luz convirtiendo sus piedras en baluarte y castillo disputado por unos y por otros, el conde de Traba o el arzobispo Gelmírez, por defensores o por suevos, musulmanes o normandos. La ciudad asolada se despuebla, buscando refugio sus habitantes en un núcleo próximo, pero conservan vivo el recuerdo de su «hégira», por ello se denominó Burgo del Faro.

La vuelta de tiempos más pacíficos propician la refundación y repoblación de la ciudad que ahora empieza a ser conocida como *Crunia*. Cornide pensó que podría proceder de columna como designación de la Torre de Hércules, hoy se piensa que se originaría a partir de *Colonia*, como se conocería el antiguo asentamiento romano, que daría un *culunia* o *clunia*, topónimo del que derivaría el nombre actual. Alfonso IX da fueros a la nueva ciudad en 1208, pero reconociendo su posición estratégica y sus posibilidades comerciales y por lo tanto de ingresos fiscales, establecerá dos salvedades que gravitarán fuertemente sobre la futura historia de la ciudad, el prohibir que puedan ser vecinos militares (nobleza) y monjes. *Crunia*, La Coruña, se constituía como burgo de realengo, y de hombres libres. Éstos serán ahora los nuevos protagonistas. Pronto llegaron gentes del trabajo de diversa procedencia, celosos de la autonomía que el rey Alfonso les había otorgado, viendo en su profesión y en el engrandecimiento de la ciudad su propia seguridad y riqueza. El sentimiento de libertad, el valor del trabajo y la unión ciudadana fueron las notas distintivas del nuevo Concejo y acuñaron la personalidad de esta ciudad. El nuevo núcleo actuó como un crisol de talante comprensivo entre esta dispar población. Espíritu que ha llegado hasta nuestros días cuando se dice que aquí nadie es forastero.

Lo demográfico y lo económico impulsarán la ocupación de la zona del istmo que bordea el puerto, que empezó a denominarse Pescadería por su principal actividad, fue la primitiva Lonja coruñesa. Se reconstruyeron o se edificaron iglesias, aparecen las murallas delimitando su perímetro elíptico que aún se vislumbra siguiendo las calles del Rosario y de la Maestranza. La Torre de Hércules se convierte en una cantera de élite, en crisálida pétrea que proporcionaba viejos materiales para las nuevas construcciones. Iglesias de Santiago, Colegiata de Santa María del Campo nos muestran su arte medieval, su belleza, el pensar y el sentir de una época y el antiguo castillo de San Carlos, la estrategia militar que defiende el principal foco de riqueza, el puerto.

La ciudad se consolida durante los tiempos modernos a la par que se va extendiendo la nueva reorganización, centralista y autoritaria, de la monarquía que inician los Reyes Católicos. Las antiguas funciones se verán potenciadas con mecanismos foráneos. La entidad ciudadana se transforma cualitativamente al convertirse en capital política, militar y jurídica. La Capitanía General y la Real Audiencia hacen de La Coruña «fuerza y guarda del Reino de Galicia». Aquí se celebraron las Cortes de abril de 1520 en las que Carlos I obtuvo los subsidios económicos para trasladarse a Alemania donde sería elegido Emperador. De su puerto saldría también la gran flota que trasladó al príncipe Felipe, dos años antes de ser coronado Rey, a Inglaterra para celebrar esponsales con su reina María Tudor.

Las guerras europeas de la monarquía austríaca, los ataques de ingleses y franceses obligan a prestar más atención a sus defensas militares. La ciudad crece desarrollando más líneas de murallas, más fortificaciones, transformándose en plaza fuerte. El Castillo de San Carlos cede la vanguardia al de San Antón. Su artillería mantendrá alejada a la escuadra de Drake cuando en 1589 intenta destruir la Ciudad Vieja.

El absolutismo ilustrado de la nueva dinastía borbónica imbuido de la mentalidad racionalista de su época, y comprometido con las reformas necesarias para modernizar la vida del país, acrecentó la importancia de La Coruña:

«Coruña», óleo de Ferrant.

la Intendencia de Galicia, la Academia de Agricultura, el Real Consulado Marítimo, etc., todo ello obligó a un remozamiento constructivo y favoreció el resurgir de la actividad portuaria. Exponente de todo esto fue la restauración de la Torre de Hércules, de nuevo recuperada como faro, orientador ahora de la libertad del tráfico mercantil con las colonias americanas.

La estructura absolutista empieza a resquebrajarse ante las nuevas ideas de libertad y revolución que se condensaron a finales del s. XVIII en Francia y que luego extenderían por Europa sus ejércitos de *sans culottes* o las águilas imperiales de Napoleón. Se aceptó en gran parte la influencia ideológica, se rechazó enérgicamente la invasión militar francesa y su nuevo orden político. Se inicia de una manera cruenta y dura la guerra de la Independencia. En ella La Coruña irá encontrando su nuevo protagonismo y liderazgo en la defensa de las libertades políticas. La ciudad comienza a fundirse con la idea liberal. Se

lucha primero contra el francés. A finales de mayo de 1808 el pueblo se levanta contra las autoridades borbónicas partidarias del invasor. Exige que se forme una Junta General como nuevo gobierno. La Junta Superior que luego coordinará y dirigirá la lucha de Galicia se constituye en La Coruña. El avance napoleónico y las divisiones del mariscal Soult obligan a los aliados ingleses dirigidos por J. Moore a buscar refugio en esta ciudad donde podrían ser embarcados. El 16 de enero de 1809 se enfrentaron ambos ejércitos en la llamada *batalla de Elviña*. Los ingleses pudieron regresar a su patria. Sir John Moore herido de muerte en el combate fue enterrado en los Jardines de San Carlos. La Coruña capituló después.

Las derrotas europeas obligaron a Napoleón a liberar a Fernando VII devolviendo la Corona española. El regreso del «Deseado» fue la reinstauración del absolutismo y la persecución y purga de los elementos liberales. En la ciudad se les persiguió y se les ejecutó. Es el caso de Sinforia-

El castillo de San Antón.

no López. En septiembre de 1815 Juan Díaz Porlier en nombre de las libertades y de la Constitución de Cádiz se pronuncia en La Coruña, adelantándose en más de 4 años a los levantamientos liberales de 1820, el español en enero, el de Nápoles en julio y el de Portugal al mes siguiente. Precipitación o improvisación románticas que lo harán fracasar. Cinco días después cae prisionero. El 23 de octubre a sus 26 años el que había sido héroe de la Independencia y Mariscal de Campo era ahorcado públicamente en la actual Plaza de España, donde recientemente se le ha dedicado una estatua, se convertirá así en mito y héroe popular de esta ciudad y de su mar-

Museo de la Maestranza.
Maqueta de la batalla de Elviña.

tirologio liberal. Ante aquel cadalso, puede decirse que La Coruña hizo del liberalismo el nuevo talante ciudadano y creencia profunda de sus gentes, que con todas sus vicisitudes, ha llegado hasta nuestros días.

En 1840 el pueblo coruñés de forma espontánea comienza a derribar parte de aquellas murallas, restos y símbolos de pasados poderes que oprimían el desarrollo de la nueva ciudad, en particular el tramo comprendido entre la Puerta Real y la de Aires. Se intentaba también unir la Ciudad Alta o Vieja a la Ciudad Baja o Nueva, superar los anacrónicos privilegios estamentales que enarbolaba la primera con los ideales progresistas y los nuevos vientos comerciales de la segunda. Tenía que transformarse, conservando su identidad, para afrontar las nuevas incitaciones, los grandes cambios y modificaciones que comenzaron a plantearse desde finales del s. XIX y que con nuevas formulaciones vuelven a presionar en nuestros días. Ya no son las funciones de la propia ciudad, hasta un momento prioritarias. Ahora es además el papel, el protagonismo que ella debe y deberá desempeñar en otros horizontes más amplios, desde el local, provincial y autonómico hasta el nacional, europeo y americano. Estuvieron en su origen, se manifestaron en su historia, marcarán sin duda, su próximo futuro.

MUSEOS Y EXPOSICIONES

Enumeraremos los principales museos urbanos por orden alfabético para facilitar su búsqueda rápida, dando breves referencias de sus fondos. Aparece indicada la página en aquellos que tienen en el texto un tratamiento más amplio.

• *Museo Arqueológico e Histórico* «**Castillo de San Antón**». Situado en el castillo de San Antón en la bahía, construido a finales del s. XVI. Buenas colecciones de objetos y piezas que van desde el Paleolítico hasta los tiempos actuales, en particular restos arqueológicos de la «Cultura de los Castros» y romana en Galicia.

Abierto todos los días de 10 a 14 h y de 16 a 19.30 h Información directa en el teléfono 205994 (ver página 104).

Museo Arqueológico , sala del Tesoro

• Museo de Arte Sacro de la Colegiata de Santa María. Situado en la calle Puerta de Aires. Objetos litúrgicos propiedad de la Iglesia. Interesante construcción la del propio museo.

La entrada y visita gratuita se solicita en la Colegiata (ver página 85).

• Colecciones del Ayuntamiento de La Coruña. Situado en la Plaza de María Pita 1-1.º Magnífica colección de relojes desde el s. XVII al XX. Pinacoteca. Cuños prefilatélicos. Objetos históricos. Suntuoso Salón Capitular con buenas tallas.

Abierto de lunes a viernes de 17 a 19 h. Entrada gratuita.

Colección de relojes.

Información en los teléfonos 227900 y 221406 (ver página 46).

• Museo provincial de Bellas Artes de La Coruña. Situado en la plaza del Pintor Sotomayor. Interesantes fondos de pintura, numismática y cerámica. También escultura. En constante proceso de adquisición·de nuevas obras.

Abierto de 10 a 15 h. Domingo y lunes cerrado. Información en el teléfono 205630 (ver página 49).

• Museo Casa de las Ciencias. Situado en el parque de Santa Margarita. Aspectos y horizontes del mundo de la Ciencia. Informática y Naturaleza. Péndulo de Foucauld. Planetario.

Casa de las Ciencias, colección López Seoane.

Abierto de 9 a 19 h en invierno y de 9 a 21 h en verano. Domingos y festivos de 11 a 14.30 h. Información en el teléfono 279156. Es interesante concretar previamente las horas de pases al planetario dada su capacidad (ver página 119).

Museo Emilia Pardo Bazán.

• **Museo Emilia Pardo Bazán.** Situado en la calle Tabernas, 11. Aspectos monográficos del mundo de la escritora. Sede también de la Real Academia Gallega, de su museo y biblioteca.

Abierto de 10 a 12 h. Información en el teléfono 207308 (ver página 73).

Museo Militar de Artillería.

• **Museo Militar de Artillería.** En la plaza de Carlos I. Con fondos monográficos de caracter militar: armamentos, banderas, planos, uniformes, etc. También se encuentra aquí la interesante maqueta, reproducción de la *batalla de Elviña* (16 de enero de 1809).

Visitas: de 10 a 14 h y de 16 a 19 h de lunes a viernes; y de 10 a 13 h los sábados.

Salas de exposición

Existen numerosas salas de exposiciones en esta ciudad, por lo que sería prolijo su enumeración y además inútil por la movilidad de las muestras. Es necesaria la referencia puntual que ofrece la prensa local para estar al día en la variedad de exposiciones, de artistas o temas monográficos. La gama suele ser amplia y atrayente, puede complementarse con un paseo por la zona para observar algún monumento, edificación interesante o nueva plaza que estén próximas.

OCIO Y DIVERSIONES

No intentaremos dar una lista de locales, sobre doscientos con cierta entidad, que darían más confusión que claridad, además siempre se quedaría alguno sin citar. Sólo esbozaremos algunos rasgos o facetas destacables en una radiografía de la movida coruñesa, algunas zonas principales, al menos las más estables donde se desarrolla y pocos nombres como modelos. En este mundo de los sitios de moda, pocos se mantienen mucho tiempo, existe una renovación dinámica. Ayer no es hoy ni tampoco mañana, aunque todos se parezcan. Ya lo dijo Heráclito, teórico griego de movidas cósmicas. La esencia de la moda es que tiene que dejar de serlo, estamos ante el «imperio de lo efímero», pero mientras tanto, dice el refrán popular «que nos quiten lo bailado».

Las opciones pueden ser varias o combinadas. *ESPECTÁCULOS*, cine, teatro, conciertos, etc., para lo cual aconsejamos hojear

Escaparate en la calle de los Vinos.

la guía correspondiente en la prensa local y diaria y hacer la elección particular. Otra opción es la de *VINOS Y TAPEO* con un espectro variado y atractivo, pero el espacio clásico y de solera es el formado por la gran diagonal urbana que, comenzando en la calle de la Estrella continúa por Olmos, Galera y Franja con adyacentes como la Barrera y, si aún tiene ánimos, cruzando la plaza de María Pita, puede llegar hasta la calle Capitán Troncoso. ¡Ah! buen ribeiro y el mantecoso queso gallego o la empanada en la Traida, esa reliquia que permanece en el boquete de la calle Torreiro.

Tenemos también el ambiente de las *TERRAZAS* más sosegado y tranquilo. Al atardecer y después de cenar, los comentarios del día se hilvanan en agradables y reposadas tertulias, al amparo de la brisa refrescante de la bahía, en medio del pulular de la gente en un paseo variopinto. La zona

Terrazas en La Marina.

clásica son las terrazas de los porches de la avenida de La Marina. Otro espacio estimulante de terrazas se desarrolla en la próxima plaza de María Pita, con su encanto acogedor apoyado en un impresionante marco arquitectónico iluminado por una luz nocturna que ha conseguido tonalidades de valor artístico.

Terrazas de ambiente más juvenil se extienden próximas a la calle Juan Flórez, en la plaza de Recife y en las calles transversales a Cabo Santiago Gómez y avenida de Arteijo. O también en la calle Federico Tapia.

Por último, lo que hace algún tiempo suele conocerse como la gran *MOVIDA DE LA NOCHE CORUÑESA.*

Los Cantones de noche.

Lugares de copas en el que los locales heterogéneos se van asociando como colonias de corales, en este caso snack, cervecerías, pub, club, discotecas... Sin afinidad porque estén próximas, más bien diferentes en planta y decoración, variopintos en ambiente, pero en conjunto delimitan un espacio de la movida que suele tener una clientela asidua y afín a partir de medianoche, lo que agrega, quizá, ese color o carácter a estos sitios.

En la *Ciudad Vieja* locales salpicados entre sus callejuelas acogen en un raro caleidoscopio que va de la marginalidad del *underground* ciudadano a las jóvenes «tribus urbanas»: *rockeros*, *pijos*, *heavies*, *punkies*... Es interesante pero encierra algún peligro. ¿Excitante?

La del Orzán. Con un amplio espectro desde los nostálgicos del 68 que tienen algunos de sus centros en las calles Orzán, Boquete de San Andrés y nombres como *Patacón*, *Retro*, *Filloa*, etc., una progresía política generalizada pero que suele pasar antes o después por el Picasso. Los jóvenes marchosos por todos los lados, en especial por las calles Juan Canalejo, Pasaje del Orzán, Borralón, etc., en locales como *Z Y X*, *Latino*... cafés, infusiones y otras bebidas a la entrada o a la salida en el *bar de los Ron*. Discotecas de moda en la zona y en la playa de Riazor, como *Glangor y Green*.

En *Juan Flórez*, en la llamada *Torre de los Alféreces*, y en su espacio adyacente un nuevo ambiente polifacético que pasa por locales postmodernos o camp de jóvenes carrozas, *yuppies* agresivos, sesudos profesionales, sonrientes políticos y se infiltra en los pubs y discotecas multitudinarias y de fuertes decibelios de los marchosos jóvenes de los 90. Desde el *Don Pepe* al *Pirámide* toda una amalgama de oferta festiva y jubilosa.

En las *Jubias* a tres kilómetros por la avenida del Pasaje una discoteca de moda desde hace algún tiempo, *Pachá*, y por ello concurrida y frecuentada por los menos carrozas.

En Santa Cristina a cinco kilómetros otra zona clásica y antigua de la noche coruñesa, con numerosos locales, discotecas y un ambiente joven. Presenta el inconveniente, después de las copas, del regreso a la ciudad.

Los viernes, sábados y domingos, en general, los días más multitudinarios, cuando la movida nocturna muestra su mayoría. De lunes a jueves se reserva para esos que no gustan de las aglomeraciones, los que forman las minorías menos mayoritarias. En fin, que hay «personal» todos los días. Escoja aquéllos en que surja la chispa que mejor le vaya.

GASTRONOMÍA Y FIESTAS

La cocina coruñesa es, esencialmente, la gallega. Su situación marinera, su gran mercado, su numerosa flota pesquera, surten, proporcionan y mantienen una variada gama de alta calidad de mariscos. Abundancia de moluscos y crustáceos. Lo mismo podemos decir de los pescados y que Usted podrá comprobar fácilmente cuando hojee cualquier carta de menú. La selección, fres-

Lacón con grelos.

cura y valor de los mismos como la cantidad presente en el mercado influirán en la oscilación de sus precios. Conviene consultarlos siempre, antes de la compra o de su pedido en el restaurante. Evitaremos alguna que otra sorpresa.

Carnes sabrosas, especialmente de ternera y magníficas aves.

Entre los platos más típicos o más *enxebres* destacaremos las sopas, salpicones y tortillas de mariscos; los caldos gallegos, el pulpo estilo feria o con cachelos, truchas, sardinas y las caldeiradas

Caldo gallego.

de pescado, callos, lacón con grelos y cocido a la gallega y toda una gran variedad de empanadas: de sardinas, lamprea, zamrras, Ribeiro y Barrantes. Tiene raigambre el buen aguardiente del Ribeiro y la famosa «queimada».

Las *FIESTAS*, como las *meigas*, «habelas hainas» todo el año. La Coruña se divierte, suele decirse en el resto de Galicia. Pero en ciertas épocas son menos iguales, más fiestas, protagonistas de la vida y de la calle.

Entre la coronación del dios Momo y el «entierro de la Sardina», el ritmo de samba y cabalgata conjuga el exotismo brasileño con los típicos y populares «cho-

Calidad en mariscos.

buriñas, berberechos, de lomo etc., sin olvidarnos de los sabrosos y mantecosos quesos del país.

La Coruña, como Galicia en general, puede sentirse orgullosa de ofrecer cocina y vinos con generosa amplitud, consecuencia de una despensa y una bodega bien dotadas. En esta última podemos destacar los vinos blancos, quizá los mejores caldos galaicos, como el Albariño, Rosal, Condado, Ribeiro, que deben tomarse frescos. Y los tintos, de los ligeros a los gordos y de más cuerpo, como el Betanzos, Monterrey, Valdeo-

queiros» de siempre. Es el *Carnaval* vestido de máscara, de comparsa y regocijo. Con gastronomía propia.

Pimientos de Padrón.

Queimada. '

La Coruña en fiestas.

También en la *Noche de San Juan* en junio, sardinas a la brasa, *lumieiras* y conjuros de queimada, vuelven a recrear un ambiente de festejo general, distendido, curioso y con calor de hoguera. Pero, sin duda, las grandes son las del verano, las *fiestas de María Pita*, en agosto, cuando la ciudad se hace, se convierte en fiesta. La oferta municipal en un gran abanico de posibilidades conjuga la descentralización con la variedad y calidad de las mismas. Los grandes y multitudinarios conciertos musicales y los pequeños grupos en las típicas plazoletas. Música clásica en las «Noches de la Ciudad Vieja» y folclore nacional e internacional. Ferias gastronómicas, de degustaciones, de artesanía, del libro. Batallas florales y fuegos acuáticos.

Sin duda son señeros los diferentes *Teresa Herrera* a las diversas competiciones deportivas, y el fútbol la estrella de los mismos. Número de aficionados, categoría de los equipos, el eco deportivo y el mismo valor material y artístico de la copa, hacen a este trofeo y a la misma ciudad escenario y sede durante unos días del deporte nacional.

Y recuerde que aquí, nadie es forastero. Si La Coruña es una fiesta, todos somos coruñeses.

NOCHES DE LA CORUÑA

Hemos visto La Coruña por el día. Repleta de posibilidades, generosa en la oferta. Pero esta ciudad tiene también el atractivo de la noche, luminosa muestra de encantos ocultos a la luz del sol, que una iluminación individualizadora ha puesto de relieve en variedad de gamas y efectos cromáticos, y que combina con las peculiaridades de cada espacio urbanístico, consiguiendo tonalidades y perspectivas de valor artístico.

Desde un paseo recoleto que nos permitirá descubrir rincones insospechados, o el descanso y la charla en el banco del jardín silencioso o en una de sus remodeladas plazas, o en el bullicio de las terrazas concurridas de sus cafeterías, hasta el ajetreo en tanto masificado entre el deambular del tapeo y la movida nocturna, todo un espacio diversificado con su espectro variado de alicientes.

Noches musicales en la Ciudad Vieja y en esta o aquella plaza, concurridos lugares de moda, discotecas rebosantes de jóvenes y de música con fuertes decibelios, también de sueños y esperanzas. El azar y la suerte en las salas de juego. Los refugios de nostálgicos, entre humo de cigarrillo y música de jazz.

Calidoscopio de la luz nocturna coruñesa, decadente y vital. Entre las calidades de sus rincones y su ambiente, sobre esas piedras envueltas de mar y color, escoja usted, como dice la canción, entrar en el cielo de día o en La Coruña de noche.

TRANSPORTES Y COMUNICACIONES

Daremos en primer lugar una lista de teléfonos que pueden resultar de utilidad cuando se viaja. Si llama desde fuera de la provincia, el prefijo de La Coruña es 981.

Información y ayuda en carretera:

Ayuda en Carretera	91-7421213
Estado de las carreteras (Tele-Ruta)	91-5352222
Guardia Civil de Tráfico	637351
ADA (Ayuda en carretera)	299954

RACE (Real
Automóvil Club)   221830

Oficinas de Información:

Estación de Autobuses.
Caballeros   239099

Renfe (Información)   230309
Renfe (venta anticipada
de billetes). Fontán.   221948

Aeropuerto de Alvedro 233584

Iberia-Aviaco.
Plaza de Galicia   228730

Aeropuerto de Santiago
(Labacolla)   597400

Turismo.
Paseo de la
Dársena, s/n   221822

Predicción del tiempo   278426

Tele-taxi   287777

Para comunicarse:

Correos y Telégrafos.
Avda. de la Marina, s/n 221956

Telegramas por
teléfono   222000

Accidentes:

Cruz Roja   205975

Residencia Seguridad
Social. Juan Canalejo   287477

Guardia Civil   062
Policía Nacional   091
Policía Municipal   092

Carreteras. El Plan de Ordenación urbana de 1948, organizó básicamente los accesos a la ciudad. Una red de carreteras, la N-VI Madrid-Lugo-La Coruña con derivación a Ferrol; la N-550 La Coruña-Santiago-Vigo y la C-552 abriendo la ruta a Finisterre; y un buen parque de modernos autobuses, ayudan a mantener un servicio ágil entre los diferentes puntos provinciales y regionales. En 1979 se inauguró la Autopista del

Atlántico que marcará el eje rápido Norte-Sur a su total terminación.

Estación Central de Autobuses, inaugurada el 20 de agosto de 1975 para organizar el movimiento y tráfico de las diferentes compañías de transporte extraurbano. El edificio tiene su entrada principal por la calle Caballeros. Sus andenes y cocheras dan a la avenida Alcalde Pérez Ardá. Un gran edificio, construido sobre los terrenos de la primitiva estación de ferrocarril, que tiene una extensión de 24000 m^2 dividido en

Estación Central de Autobuses.

tres plantas. Planta baja con las dársenas de autobuses de salida y llegada, escaleras fijas y mecánicas y montacargas. Primera planta con locales comerciales, farmacia, restaurante, dependencias de correos, oficinas y sanitarios. Segunda planta, la llamada noble con los principales servicios: taquillas con despachos de billetes, agencia de viajes, cafetería, sala de espera, locales comerciales y oficinas de policía, correos y teléfonos públicos.

*Ferrocarril.*La estación Renfe de viajeros está en S. Cristóbal (la de S. Diego, en el puerto es la comercial), con líneas a Santiago-Orense-Zamora-Madrid; Santiago-Pontevedra-Vigo; Betanzos-Ferrol y Lugo-Monforte-Ponferrada-Madrid, con direcciones a Bilbao, Barcelona y Madrid.

Puede también retirar los billetes con anticipación en las oficinas de la Renfe, en la calle Fontán, 3, que hace esquina a la plaza de Galicia donde se encuentra el Palacio de Justicia.

Los accesos aéreos. Faltaba la conquista de *los accesos aéreos*. La osadía de los hermanos Wright en 1903 la repetía en la ciudad en agosto de 1911 el francés Laforestier: fue el primer minuto del primer vuelo aéreo sobre el cielo de La Coruña, la primera intuición de la importancia de esta ruta, en una Galicia no bien comunicada

Aeropuerto de Alvedro.

con el interior, para el futuro de la ciudad. El aeropuerto de Alvedro en *el Ayuntamiento* de Culleredo aproximadamente a 10 km de distancia, y sus *fokker* fueron la materialización de este sueño, pero La Coruña del futuro convertida en centro de instituciones, en gran área de servicios y en vasta superficie comercial, con un Mercado Común que agrandó las dimensiones de los retos, exigían las nuevas obras de ampliación del aeropuerto para hacerlo operativo a grandes reactores, para ponerlo al alcance de todos los puntos del globo. El aeropuerto de Alvedro fue la tenacidad consciente de la década de los 80. Su inauguración en mayo de 1990 cerraba un largo esfuerzo, abría también un nuevo horizonte dinámico a la ciudad potenciando

las posibilidades y ofertas que se habían ido construyendo hasta ese momento. Como dice el eslogan: La Coruña ha despegado. De momento hay vuelos a Madrid, Barcelona, y próximamente los habrá a las ciudades de Palma de Mallorca, Valencia y Bilbao.

El puerto. En otras páginas hablaremos de sus características e historia. Como punto de transporte de viajeros se está en una etapa de remodelación. El nuevo gran Muelle de Trasatlánticos en pleno centro de la ciudad, que permite el atraque de los mayores trasatlánticos a flote en los próximos años, tendrá un importante efecto en el tráfico de cruceros turísticos. Las instalaciones remodeladas de la doble dársena lo hará sobre los viajes de yates y medianas embarcaciones, como se demostró en la *Regata del Cutty Sark* en su edición de 1990. Serán las nuevas autovías sobre el mar,

Muelle del Centenario.

que hace pocos años inauguraba sobre el Muelle del Centenario el *Queen Elizabeth II*, que era en aquel momento el mayor del mundo.

En verano se establecen pequeñas rutas marítimas como la de Ferrol. También el servicio de barcos o «motoras» a la playa de Santa Cristina, auténtico y aconsejable paseo marino por la bahía, que tienen su salida o llegada cada hora, próxima a la Dársena.

HOTELES Y RESTAURANTES

Hoteles

Como datos generales podemos mencionar tres: una buena oferta de plazas hoteleras, con servicios de alta calidad que en bastantes están por encima de lo que exigen las estrellas de su clasificación y en tercer lugar un trato amable, acogedor.

De más a menos estrellas:

- ATLÁNTICO ****
  Jardines de Méndez Núñez.
  200 habitaciones   226500

- FINISTERRE ****
  Paseo del Parrote, s/n
  127 habitaciones   205400

- SOL-CORUÑA ****
  Ramón y Cajal, s/n
  181 habitaciones   242711

- MARÍA PITA ****
  Zona de Zalaeta
  200 habitaciones

- ALMIRANTE ***
  Paseo de Ronda, 54
  20 habitaciones   259600

- CIUDAD DE LA CORUÑA ***
  Polígono de Adormideras
  131 habitaciones   211100

- RIAZOR ***
  Avda. Barrié de la Maza, s/n
  180 habitaciones   253400

- RÍAS ALTAS ***
  Playa de Santa Cristina
  103 habitaciones   635300

- PORTOCOBO ***
  Playa de Santa Cruz
  58 habitaciones   614100

- AVENIDA **
  Avda. Alfonso Molina
  31 habitaciones   249466

- ESPAÑA **
  Juana de Vega, 7
  84 habitaciones   224506

- RIVAS **
  Avda. Fernández Latorre, 45
  70 habitaciones   290111

Son en esta categoría los de mayor capacidad y servicios. Sigue una lista larga que no vamos a enumerar, de fácil conocimiento y en función de la zona en la que usted quiera situarse.

Restaurantes.

Entre los más selectos podemos citar:

- CORAL.
  Estrella, 2-4

- EL RÁPIDO
  Estrella, 7

- CASA PARDO
  Novoa Santos, 15

- TRÉBEDES
  Sólo almuerzos
  Ramón y Cajal, 57-59
  Último piso Corte Inglés
  4 restaurantes más.

- LA VIÑA
  Puente del Pasaje,
  a 5 km de La Coruña.

- GALLO DE ORO
  En Arteixo, Ctra. de Carballo, a 12 km de La Coruña.

- CASINO DEL ATLÁNTICO
  Sólo cenas.
  Jardines de Méndez Núñez.

También de calidad y con cocina variada:

- ALBEIRAS
  Gómez Zamalloa, 24

- ASADOR CASTELLANO
  Gómez Zamalloa, 5 y Médico Durán, 7

- BOTANITA
  Plaza de Portugal, 3

- NOVO CANCELO
  Plaza de Portugal, 7

- O CASTELO
  Novoa Santos, 20

- DELFÍN DORADO
  Paseo Marítimo, s/n
  Las Lagoas.

- FORNOS
  Olmos, 25-27

- ESTEBAN
  Emilia Pardo Bazán, 17

- MANDA TRUCO
  Navarra, 21

- MANOLITO
  Ramón y Cajal, 6 y Fdez.
  Latorre.

- LA MARINA
  Avenida de La Marina, 14

- O MESÓN
  Callejón de la Estacada, 1

- MESÓN DE LA CAZUELA
  Callejón de la Estacada, 1

- CASA NAVEIRO
  San Andrés, 129

- CASA POLO
  Julio Rodríguez Yordy, 2

- O'PIOTE
  Avenida de la Marina, 10

- TABLILLAS
  Francisco Catoira, 19

- VAGALUME
  Avenida de Chile, 32

Tiene también en las calles que van desde la Estrella hasta la Franja, numerosos, buenos y típicos restaurantes y casas de comidas.

En las proximidades:

- ALBA
  Carretera del Pasaje, 63

- GALICIA
  Santa Cristina

- C. MADRILEÑO
  Santa Cristina

- EL REFUGIO
  Oleiros, carretera de Sada

- ROYAL PALACE
  El Carballo

Menores pero especializados en determinada cocina:

- PARRILLADA
  BOLICHE CRIOLLO
  Santa Cristina

- PARRILLADA
  EL GAUCHO DIAZ
  San Pedro de Nos

Especialidades italianas en:

- LOS CAMBALACHES
  María Pita, Pardo Bazán, y Avenida de Barrié de la Maza

- DONATO
  Rúa Alta, 10

- PRIGIONE
  Agra del Orzán, 11

En cocina casera tradicional:

- CASA JESUSA.
  Oliva, 1

- CASA RICO
  Pintor Seijo Rubio

Otros:

- SUISSE/FONDUE
  Ramón de la Sagra, 6-8

- PILL-PILL
  Orillamar, frente a la nueva Escuela de Artes y Oficios

- RESTAURANTE CHINO
  Fernando Macías, 29

- RESTAURANTE TURCO
  Juan Canalejo (plazuela)

Vegetariano:

- ARCO DA VELLA
  Manuel Murguía, 8

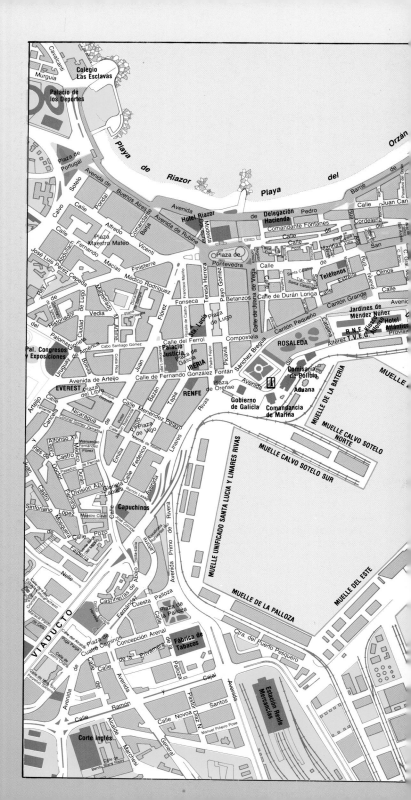

RUTA DE LA PESCADERIA

ZONA 1: MENDEZ NUÑEZ - LA MARINA

ZONA 2: MARIA PITA - PANADERIAS - SAN AGUSTÍN

ZONA 3: SAN ANDRÉS - RIAZOR - PLAZA DE PONTEVEDRA - CANTONES

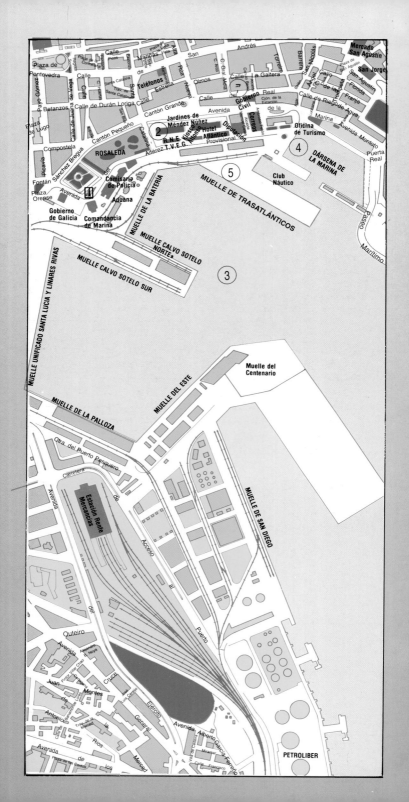

RUTA DE LA PESCADERÍA

ZONA 1: MÉNDEZ NÚÑEZ • LA MARINA.

PUNTOS A VISITAR

1. Obelisco
2. Jardines Méndez Núñez
Árboles antiguos, esculturas, monumentos, edificaciones de valor artístico.
3. El Puerto
4. La Dársena
5. Nuevo Muelle de Trasatlánticos.
6. Estación marítima
Salas de grandes exposiciones urbanas.
7. Edificio gobierno civil.
Palacete neoclásico de 1779.

Sede antigua Intendencia de Rentas
8. Casas de Paredes
Conjunto de casas neoclásicas adosadas.
9. Teatro Rosalía de Castro
10. Galerías de la Marina
Huella digital cristalina de esta ciudad.
11. La Casa Rey
Obra maestra de estilo modernista.
12. Puerta Real.
Lugar de murallas.
Antigua entrada.

INICIO	Obelisco
APARCAR	Cantón grande

SERVICIOS EN LAS INMEDIACIONES

Cafetería Copacabana
Hotel Atlántico.
Palacio Exposiciones:
Correos y Telégrafos:
Venta de prensa:
Venta de prensa extranjera:
Cafeterías y restaurantes:
Oficina de Turismo:
Regalos y cerámica gallega:

Farmacias y ópticas: (varias)
Bancos:

Jardines de Méndez Núñez.

Kiosco Alfonso.
Avda. de la Marina.
Kiosco Plaza Estacada.
Librería Colón en la calle Real.
Línea de Porches.
Zona Dársena.
c/ Montoto, 2
(Entrada por María Pita, 13).
c/ Real y Montoto, 5.
calles Real y Cantón.

SALIDA A LA PRÓXIMA ZONA	c/ María Barbeito hacia Plaza de María Pita.

El puerto y las galerías.

II. RUTAS POR LA CORUÑA

RUTA 1: LA PESCADERÍA

ZONA 1: MÉNDEZ NÚÑEZ · LA MARINA

OBELISCO

En el Cantón Grande se hizo levantar en 1894 el popularmente conocido Obelisco, ocupando una posición céntrica en este espacio urbano de la Pescadería encuadrada entre la Ensenada del Orzán y la zona portuaria, entre la plaza de María Pita y la línea que traza la calle de Juana de Vega. Es en realidad una columna conmemorativa de agradecimiento y homenaje al destacado político de la Restauración don Aureliano Linares Rivas (1841-1903).

Columna estriada sobre un pedestal que aparece ornado en sus frentes y chaflanes con planchas de bronce donde se recogen los principales datos meteorológicos y geográficos de la ciudad. Sobre su capitel corintio un reloj luminoso de cuádruples esferas que se alza sobre soporte afiligranado, la rosa de los vientos y una veleta con simbólico barco giravientos; el mar, el puerto, la vieja y nueva vocación de La Coruña. Por ello se ha visto en este Obelisco, un símbolo de La Coruña moderna, pero lo es fundamentalmente por su mismo nombre. Los obeliscos se erigían en el Antiguo Egipto para conmemorar el jubileo de la ascensión de los faraones al Trono Sagrado de la realeza, como encarnaciones de Horus Ra, del Sol vivo, de la luz, elemento intrínseco de La Coruña, atributo de la ciudad, de la que quiere ser emblema el Obelisco.

Existen múltiples transfiguraciones de la luz. La luz nocturna de la Torre de Hércules, es la luz avisadora, también la luz de la historia. La luz resplandeciente del día que al chocar contra los cubos urbanos, invade y se difumina en sus calles, las arterias de su vida. La luz del mar en los reverberos de las aguas, luz de olores marinos verdeazulados. La luz atlántica de brumas y de grises. La luz cristalina de las galerías da la luminosidad cambiante de los espejos, en pinceladas cromáticas entre el alba y los atardeceres. El pueblo, el municipio, también han querido poner su grano de luz, la de la ciudad de la noche, el alumbrado eléctrico de calles y plazas que ha adquirido calidades artísticas, descubridor de rincones con su espectro variado de alicientes. A través de estos cromatismos podremos percibir, captar La Coruña del Obelisco.

JARDINES DE MÉNDEZ NÚÑEZ

El Parque y el Museo.

La escasez de suelo en la zona de la Pescadería potenciaron el inicio de las grandes obras del Relleno. Se aprovecharon los restos de las murallas, tras su derribo desde 1862, y las piedras y tierra producidas por el desmonte de la zona de Riazor, donde luego se levantaría el primitivo estadio de fútbol, que una vía férrea construida para este efecto permitía transportar. Fue, sin duda, una de las mayores operaciones urbanísticas de la historia de La Coruña. El Relleno permitió el desarrollo de La Marina y la reestructuración del puerto. En este nuevo frente marítimo de las calles Sánchez Bregua, Cantones y La Marina, se diseñó el primer parque ajardinado que tendría la ciudad, y que fue inaugurado en 1868 y bautizado poco después con el nombre de Méndez Núñez (paralelamente al de otros muchos jardines, calles y plazas de infinidad de ciudades españolas) por el fervor patriótico y popular, que el valor y arrojo de este marino habían despertado, al hacer de su vida una peripecia de riesgos y asombrosas acciones, culminando durante la Guerra del Pacífico, con el combate y bombardeo de El Callao (2 de mayo de 1866), que lo habían elevado a categoría de héroe de El Callao y nacional.

La vegetación, el frondoso arbolado con especies variadas y de gran interés y su riqueza floral, distribuida entre los macizos a lo largo de sus avenidas, hicieron de estos jardines lugar de sosiego, de contemplación y esparcimiento, también de bullicio y diversión. Quioscos de bebidas y pabellones de espectáculos se esparcían por sus paseos en los que se proyectó un circuito, que no llegó a realizarse, recorrido por una pequeña máquina ferroviaria y siete vagones para el público. Fueron durante estos años lugar de encuentro y de charla peripatética de los coruñeses. Su extensión primitiva se fue recortando por la implantación de edificios, hasta darle su configuración actual. En estos nuevos jardines se levantaron una serie de monumentos de gallegos ilustres, que agregaron a su atractivo natural, el recuerdo y gratitud humanas y el encanto de sus formas artísticas, transformando a este parque en ventana abierta de Galicia, museo al aire libre protegido entre árboles y flores, penetrado por las mezclas de sus fragancias.

Paseo de
Las Palmeras

De los tres espacios que delimitan los jardines, el de las Palmeras se extiende paralelo a la calle del Cantón Grande y entre los monumentos a Curros y el de Carballo.

Monumento a
Curros Enríquez

Monumento singular y conmemorativo realizado por Francisco Asorey, el gran escultor gallego de la primera mitad del siglo XX, entre 1928 y 1934 en piedra granítica, que en un principio iba también a ser mausoleo. Es una meditación y una parábola sobre el ser de Galicia, historia social de esfuerzo y esperanza. El pueblo trabajador de la tierra nutricia emergiendo del pasado prehistórico, simbolizado en los dos dólmenes, en forma de dos procesiones. En el panel de nuestra derecha, la de los hombres con los utensilios de las faenas agrícolas, saco de la simiente, azada, arado, el buey que tira del carro inclinadas las cabezas bajo el peso difícil de su tarea diaria. A la izquierda tres mujeres con un niño portando las espigas de maíz fijándolas sobre la espalda con una hoz, el yugo de los bueyes... Sobre el pueblo la victoria de brazos alados levantados, proyectando a Curros Enríquez, representado como vate con la capa y la lira. Poeta de voz airada y profeta de esperanza del pueblo de rostros ásperos, rugosos, endurecido por esfuerzos y padecimiento. De su pedestal, de su obra, mana su mensaje cristalino, agua viva sobre los demonios oscuros y ancestrales de Galicia.

El juego escalonado de volúmenes, el movimiento de formas onduladas, los efectos cromáticos de contrastes y tensiones, las utilizaciones del agua, el verdor y el granito, dan al diseño su belleza y al símbolo su lenguaje.

Monumento a
Daniel Carballo

Frente al de Curros, este que es el segundo en antigüedad de los jardines, fue dedicado por el Municipio y la Reunión de Artesanos

Monumento a Curros Enríquez.

a uno de los coruñeses ilustres, escritor, periodista, político, defensor y propulsor de los intereses de la ciudad. Montado el monumento en 1896, la estatua de bronce se debe al escultor Agustín Querol, el artista preferido de Cánovas del Castillo y escultor «oficial» de la época de la Restauración; y el magnífico y ornamentado pedestal al arquitecto Pedro Marino.

Este paseo de las Palmeras se halla enmarcado por varias edificaciones. La sede de la Diputación Provincial (en la parte posterior del Monumento a Curros), haciendo ángulo las instalaciones que conforman el Hotel Atlántico (pub, restaurante, casino, etc.), el quiosco Alfonso y el edificio La Terraza.

Quiosco Alfonso

Restaurado y remodelado entre 1983 y 1984 para su función actual, Palacio Municipal de Exposiciones, fue construido en 1913 según proyecto de uno de los

grandes arquitectos gallegos, Rafael González Villar, en estilo modernista. De forma rectangular y predominio horizontal, la belleza del diseño juega con los contrastes cromáticos y de formas y los delicados motivos decorativos.

Monumento a Daniel Carballo.

Kiosko Alfonso.

Podemos observar en su fachada las líneas curvas de sus seis arcos rebajados que sostienen los doce vanos rectangulares superiores; el carácter que introducen las interesantes tracerías ornamentales de hierro forjado en sus vanos semiparabólicos. Juegos de líneas y de color a los que se agregaron, en la última restauración, los espejos acristalados de la planta inferior cuyos diseños grabados en vidrio según la técnica veneciana fueron realizados por el gran pintor gallego residente en Nueva York, Jorge Castillo.

En un interior, sobrio, se han integrado las perspectivas con el aislamiento de espacios y una interesante solución en su cubierta, que dan al conjunto un aspecto agradable y comunicativo de apropiado marco artístico.

Edificio de La Terraza

Sustituyendo al modernista Quiosco, La Terraza de madera y vidrios de colores que en 1921 se había trasladado a Sada, entre es-

te año y finales del siguiente se construyó el actual, según el proyecto del arquitecto Antonio de Mesa y Álvarez, que integró en una personalísima síntesis elementos y componentes decorativos del eclecticismo historicista. Fue restaurado recientemente inaugurándose en 1986 como Casa de la Radio y Televisión. Sobre sus portadas laterales una serie de bustos en bronce de personajes coruñeses de especial relevancia en los medios de comunicación y en los círculos literarios, como Manuel Murguía, Salvador de Madariaga, W. Fernández Flórez, y Fernández Latorre, Emilia Pardo Bazán, etc.

Monumento al Libro y a sus creadores

En una pequeña y recoleta hornacina vegetal encontramos este grupo de tres figuras en una exaltación del libro en lo que tiene de comunicación y de armonía. Realizado por Manuel García Bucinos con técnica figurativa de esté-

Edificio La Terraza.

tica vanguardista, empleando hábilmente la chapa de bronce. El juego de volúmenes se enriquece con la utilización de los vacíos que proporcionan la luz que contrasta con las sombras proyectadas por las concavidades, produciendo el perfil sugerente del diseño.

Monumento a Suárez Ferrín

Próximo al del Libro encontramos el que levantó el municipio a Alfredo Suárez Ferrín, alcalde en 1934 y en los trágicos días, como lo fue su final, de 1936. Realizado por Ramón Conde e inaugurado en el aniversario del 31 de agosto de 1986. Gran cabeza que destaca por la solidez del bulto, de gran realismo y resolución. Evita la anécdota para recalcar la energía contenida en el gesto, manifestación de su convicción y voluntad de servicio al pueblo.

Otros monumentos conmemorativos son el de *Valle Inclán* (1856-1936) ofrecido por el municipio en 1986; y el monolito que La Coruña dedicó a *Wenceslao Fernández Flórez*, periodista y escritor en el centenario de su nacimiento (1985).

La Alameda central

La parte central de los jardines, discurre paralela al Cantón Pequeño. Cedros del Líbano, rododendros, daturas, azaleas, magnolias, camelias, tulipanes, las sombras melancólicas de los sauces... aquí y allá como troncos de metal y granito surgen libremente otros monumentos entre los árboles y las flores.

Monumento a doña Emilia Pardo Bazán (1852-1921)

Erigido por sus contemporáneos en 1916. Realizado por Lorenzo Coullaut Valera, de estilo ecléctico. Gran retrato que conjuga la idealización del rostro con el preciosismo detallista y el gusto por lo anecdótico. En la percepción del instante fugaz se nos pre-

Monumento a Emilia Pardo Bazán.

senta a la escritora sedente, sobre un mirador, que cierra una elegante balaustrada coronada por jarrones florales, la mirada perdida en un momento de reflexión, entregada a la creación literaria.

Monumento a Concepción Arenal (1820-1893)

Una placa en su reverso da la fecha de inauguración, el 17 de septiembre de 1916, y que la iniciativa se debió a don Manuel Casás y a la Reunión de Artesanos de La Coruña «que por suscripción pública erigieron este monumento a la memoria de la insigne pensadora, autoridad universal de la Ciencia penitenciaria.

Concepción Arenal, gloria de Galicia». Su autor don Rafael González del Villar, desarrolló un diseño de originales juegos de volúmenes, resaltados por el movimiento de sus molduras que al resurgir como chorros en pilares graníticos permiten una visión «transparente», enmarcándose el conjunto entre el agua y el verdor vegetal.

Entre los dos pilares superiores un medallón con la efigie de Concepción Arenal. El conjunto rodeando el ara central. Sobre su altar el bronce permite ver el águila volcada sobre el libro queriendo despedazar a la serpiente, un simbólico homenaje plástico a la ilustre pensadora ferrolana. El conocimiento quebrando las maldiciones ancestrales, la creencia en la inteligencia y la cultura para superar las desigualdades y redimir a los que sufren. Sus «cartas a los delincuentes» nos hablan de su talento y comprensión para los problemas de los desarraigados. Dos placas de bronce recuerdan permanente gratitud. La de la muchacha con corona de laurel, colocada por la Sociedad «Visitador del Pobre»; y el hombre encadenado que levanta una antorcha, por «los presos de España a su defensora».

Edificio de La Atalaya

Situado entre ambos monumentos, es difícil reconocer en este pequeño edificio el proyecto original de A. Tenreiro Rodríguez, realizado en 1933 con un lenguaje de estilo racionalista, debido a las alteraciones, modificaciones y ampliaciones sufridas en estos últimos años.

La pureza de formas, sus ventanales corridos en esquina, redondeando la terraza superior con carpintería metálica, alternaban con la lisura de los muros y la morfología de sus volúmenes que seguían un perfil de club náutico tan en boga en estos momentos. Es lamentable la alteración sufrida en el porche cubierto en el cual existía un árbol que atravesaba la propia cubierta dándole una función integradora con el contorno. Se ha estudiado un proyecto de recuperación y remodelación del arquitecto X. M. Casabella para acondicionar el edificio como Museo de la Naturaleza dedicado «Victor López Seoane».

En la edificación próxima se encuentran el centro de jardinería y servicios públicos. En su parte delantera un gran panel cerámico dibuja la localización de algunas especies vegetales de gran valor por sus formas, exotismo y antigüedad.

Monumento a Castelao (Alfonso Daniel Rodríguez Castelao, 1886-1950)

La cabeza de Castelao emerge alegóricamente de un monolito granítico, en sus rasgos esquemáticos, rememorando la estética de sus propias caricaturas. El pensamiento de Castelao, sus preocupaciones sociales, sus indagaciones históricas, rostro, hórreo y cruceiro (en el reverso) que buscan su inserción en el espacio, su volumen, trabajados a golpes de cantero fuertes y sólidos, con un tratamiento rugoso de las superficies, permiten transmitir el gran poder expresivo de la piedra como fuerza de identidad en proceso de realización. Esto fue y es Castelao para Galicia. Realizado por Ferreiro Badía, fue erigido por el Ayuntamiento de La Coruña en el centenario de su nacimiento.

De Cortés Bugía son los bustos dedicados a M. Murguía (1833-1933) y E. Pondal. Ideólogo y poeta respectivamente del celtismo gallego. El poema Os Pinos ha dado la letra al himno gallego. Próximos encontramos el busto de J. Fernández Latorre, realizado por Escudero y dedicado por la ciudad el 6 de abril de 1958. Del mismo escultor sobre original pedestal el busto que el pueblo de La Coruña levantó como agradecido recuerdo por su trabajo abnegado por mejorar la sociedad al doctor Hervada García-Sampedro (1983-1953).

Escultura de Themis y Baco. Sobre un estípite broncíneo, finamente decorado con parras y vides y adornado con una pandereta que lleva inciso un toro sobre su piel, la cabeza de Baco como fauno mantiene un simpático diálogo con el amorcillo de las adivinanzas, al que actualmente le faltan brazos. Escena dionisíaca que expresa la inocencia y la alegría del goce de la vida, realizada por

Felipe de Moratilla, según modelos eclécticos italianos.

Escultura del *Pescador Napolitano*, del mismo escultor, representa a un niño mariscando, con gorro marinero sobre una cabeza de notable perfección, en la que el pelo revuelto potencia su efecto pictórico, en sigilosa y concentrada actitud, acechando la salida del cangrejo oculto entre las rocas para recogerlo en la bolsa que sostiene con su mano izquierda. Figura desembarazada, llena de gracia infantil que sirve como estudio del movimiento descendente en espiral.

los concéntricos: es el eterno retorno de la vida en el niño, ofrecido, del ser que nace. Obra de temprana maduración y plena lucidez del malogrado Mon Vasco.

En el lado del Cantón, el reloj y calendario floral.

La Rosaleda

Finalmente, paralela a la calle de Sánchez Bregua, se extiende el último tramo de los jardines conocidos por «La Rosaleda». A principios de siglo se transformó esta zona del antiguo «Muelle de

Monumento al Niño.

Monumento al Niño
(1977. Hormigón y bronce)

Tratamiento lúcido de formas abstractas, que alumbran espacios matéricos, proyectando el diálogo del hormigón preñado con el metal, en dimensiones utéricas, emanando en edades de vida, infancia, juventud, madurez y vejez, a través de invisibles círcu-

Baterías» (lugar donde se realizaban las salvas de honor) en auténtico vivero de rosas que se esparcen por sus macizos verdes; y este fue el lugar escogido para que *don Aureliano Linares Rivas* recibiese el continuo tributo floral de la gratitud del pueblo coruñés. Sobre un amplio pedestal, un grueso pilar que figura inconcluso

Monumento a Linares Rivas.

El puerto

La primera gran vía que abrió La Coruña al mundo fue el mar. Aquel minúsculo castro, aquella pequeña ciudad romana, medieval o moderna supieron encontrar en el agua el hilo conductor de su comercio, de las relaciones con otros pueblos europeos, más tarde americanos, de la consolidación y expansión de su puerto, del cosmopolitismo y espíritu liberal de sus gentes. Entre la urbe y su puerto existió un diálogo en el tiempo, de relación profunda y de mutua catalización.

La época de gran potenciación del *puerto* fue el s. XVIII, como sede de los Correos Marítimos con las Indias (1764), con la libertad de comercio con América (1778) y la creación del Real Consulado Marítimo (1785). El s. XIX será el momento de su ampliación (en 1877 se creaba la Junta de Obras del Puerto), obras de relleno de la bahía para la construcción de los nuevos muelles (Baterías, Méndez Núñez) con los restos de sus murallas y de las piedras y tierra producidas por el desmonte de la zona de Riazor. Viejos materiales que iban creando los nuevos espacios. La Coruña crecía incorporándose al mar. El s. XX va a ser la etapa de su relanzamiento y remodelación.

Este espacio central portuario se extendió, por su izquierda con la construcción de la Dársena y el Club Náutico. Por su derecha se amplió con la remodelación del extenso espacio de los muelles Santa Lucía y Linares Rivas que separa la bisetriz del muelle de Calvo Sotelo. Después llegó el puerto petrolero, con sus tres pantalanes y el oleoducto de comunicación con la Refinería.

En 1977 el muelle del Centenario daba nuevas posibilidades al puerto mercante para resolver su crisis de tráfico, coronadas con la presencia en 1984 del *Queen Eliza-*

todavía, por la muerte inesperada del prócer, aparece recubierto por suave y transparente lienzo, que rememorando técnicas de «paños mojados», insinúa más que encubre, en sutiles texturas de la materia, con tenues volúmenes y oquedades en ritmos deslizantes, sus relieves laterales. Sobre el capitel, posándose, una victoria alada en bronce, con su capa ondulante al viento, deposita el laurel de la gloria sobre la página de su vida que Linares Rivas ha escrito en el gran libro de la Patria. La figura en bronce del insigne letrado, con toga y en actitud de orador. Político de gran oratoria, fue la suya la voz de defensa de La Coruña, tanto en el Congreso como en el Consejo de Ministros y en el del Estado. Avenida, Obelisco, Monumento son el homenaje constante al hijo predilecto. Obra de estilo ecléctico, recoge las peculiaridades de la estatuaria de su autor Agustín Querol: la exaltación conmemorativa, la factura rodiniana y las características historicistas y literarias.

Muelle de Transatlánticos y vista parcial.

beth *II* que iniciaba de nuevo el futuro de los cruceros turísticos. Actualmente está en curso la construcción de otro muelle en Méndez Núñez, la reestructuración del entorno de la Dársena que tendrá capacidad para casi 800 embarcaciones deportivas, y del Parrote, que permitirá la utilización de la zona de La Marina para el atraque de trasatlánticos, al contar con un calado de 11 metros. En estos momentos con sus 6 km de muelles y sus más de 800000 m^2 de superficie lo elevan a uno de los grandes complejos portuarios nacionales y por el tráfico de pescado en sus instalaciones que forman la lonja donde la comercialización anual oscila en torno a los 25000 millones, al primer de Europa. Es además, otra de sus grandes ventajas, un puerto visitable, agradable, un paseo marítimo adosado a la ciudad, manteniendo esta relación íntima que incluso ha transformado los grandes pabellones de antiguas aduanas en nuevas salas de exposiciones urbanas, la Estación Marítima.

Iniciamos nuestra marcha por la avenida de La Marina. Los edificios del Banco Central y del Casino de La Coruña esbozan nuevos conceptos espaciales, formales de la arquitectura contemporánea, una nueva articulación de las funciones del edificio (oficinas, salones, escaleras, etc.) que se traducen en los volúmenes y en el tratamiento de esas fachadas de paredes-pantalla, con sus ejes de aluminio sosteniendo la superficie acristalada e incorporando el espacio exterior al interior.

Teatro Colón

Tiene este inmueble una apretada historia de metamorfosis. Fue hotel, luego se intentó una transformación en compartimentos comerciales, se instaló más tarde la sede del Ballet Gallego y la Escuela de Danza, actualmente tras la última remodelación, acoge las dependencias de la Diputación Provincial que comparte con las del teatro y sala de proyecciones cinematográficas.

Edificio del Gobierno Civil

A nuestra izquierda podemos apreciar este recio palacete. Con fachadas a la calle Real y a la Avenida de La Marina, el edificio en el que actualmente reside el Gobierno Civil, fue construido a instancias del Real Consulado Marítimo de La Coruña, entre 1779 y 1780 por Fernando Domínguez Romay. Con sótano, tres plantas y ático abuhardillado, en estilo neoclásico formaba un conjunto con las llamadas Casas de Paredes (fachada marítima de la Pescadería) su plaza delantera y central (Plaza de la Aduana) y el propio edificio (originalmente levantado para Intendencia de Rentas o Delegación de Hacienda, Aduana y almacén). El plan urbanístico se debe al ingeniero Pedro Martín Cermeño.

Su fachada en buena sillería de granito, resalta su planta inferior, con el carácter «rústico» que introducen el paramento y las pilastras almohadilladas en contraste con el aspecto palaciego, de austera elegancia de las otras dos

Club Náutico y castillo de San Antón.

plantas, recorridas en la fachada de la calle Real por pilastras jónicas. La alternancia de frontones triangulares semicirculares acentúan los ventanales de la planta noble recalcando su importancia y el sincronismo juntamente con el efecto de claroscuro sobre la superficie desnuda, según el gusto reinante en la segunda mitad del siglo XVIII. El estilo neoclásico que carece de la animación barroca, representa el triunfo de la sencillez y el equilibrio sobre la grandeza y la pasión.

Actualmente para adaptar el edificio a su función de Gobierno Civil se procedió a la remodelación y restauración de su distribución interior y la ampliación y revitalización de su tercer piso.

Casas de Paredes

Un plan urbanístico ideado por el ingeniero P. Martín Cermeño en la segunda mitad del s. XVIII, pretendía crear un gran conjunto arquitectónico en esta zona central de la avenida de La Marina, que fuese auténtica fachada marítima de este espacio urbano de la Pescadería. Lo formarían la Intendencia de Rentas (hoy Gobierno Civil), una plaza, la de Aduanas, que se articularía sobre su frente, y el conjunto de las Casas de Paredes (así llamadas por el Gobernador del Reino de Galicia). Declaradas Monumento Histórico-Artístico en 1982, forman una serie de edificios adosados en estilo neoclásico, con soportales corridos en su planta baja, frontones sobre los ventanales de la primera y fachada realizada en sillería de piedra que da un aspecto uniforme y estético al conjunto. En la historia arquitectónica de la ciudad, el conjunto de las Casas de Paredes pone fin a un proyecto compositivo, para dar paso a otro tipo de edificaciones que aportará la galería como

nuevo elemento decorativo e individualizador.

Enfrente se encuentran las dependencias de Correos y Telégrafos.

Teatro Rosalía de Castro

Sobre el antiguo solar que ocupaba el templo de San Jorge, se construyó a partir de 1838 el Teatro Nuevo o Principal según proyecto del arquitecto José María Noya. Su fachada principal se encuentra en la calle Riego de Agua, desarrollada sobre un espacioso pórtico con arcadas en su

Teatro Rosalía de Castro.

exterior, con una estética neoclásica (pilastras jónicas, frontón, escudo, etc.). En 1866 se realizaron una serie de reformas que no evitaron el incendio que en la noche del tres al cuatro de enero del año siguiente lo destruyó totalmente, F. Domínguez Coumes-Gay será el encargado de la reconstrucción desde 1868, la ornamentación pictórica de su interior la dirigió el escenógrafo italiano Eusebio Lucini. Para el problema de la cubierta se utilizó una de las primeras estructuras metálicas con perfiles de hierro que se emplearon en A Coruña, al igual que el sistema de alumbrado, sustituyendo las lámparas de gas o de aceite por la luz eléctrica. Bautizado como Teatro Rosalía, alternaba las representaciones escénicas con la de bailes de carnaval y celebraciones político-sociales. Desde 1905 se introdujo el nuevo arte de la cinematografía que compagina hoy con la actividad teatral.

El edificio es compartido con diferentes dependencias y oficinas que pertenecen a la Diputación Provincial. Enfrente se encuentra la sede de la *Junta de Obras del Puerto*, con fachada monumentalista que rememora estéticas de pasados regímenes políticos autoritarios.

Y por fin rutilantes de luz, con vidrio y madera geometrizadas en retículas de radiante blancura, las galerías nos presentan su elegancia, su fachada al mar, su fisonomía urbana.

Las Galerías

En el frente urbano de la avenida. de La Marina y la de Montoto, como membrana vitrificada de la ciudad abierta al puerto y al mar, se extienden los amplios espacios acristalados de las Galerías que son hoy punto de referencia del carácter y personalidad de A Coruña. Los primeros modelos de galerías surgen a finales del s. XVIII, pero su triunfo pertenece al s. XIX. Frente a la frialdad neoclásica de la piedra que refleja el estatismo y distanciamiento político del absolutismo anterior, la galería de cristal simboliza el nuevo concepto de proximidad y comunicación que aporta el Nuevo Régimen del Liberalismo. Estos nuevos espacios acristalados adosados a las fachadas propor-

Galerías: el juego de formas y de luz.

cionaron tambien ventajas funcionales, protección climática, retenían el calor solar en efecto de invernadero, o se amortigua cuando es excesivo actuando como cámara aislante. Las galerías son la síntesis de la luz y el cristal, la compenetración en el edificio del espacio interior y exterior, la huella digital cristalina de esta ciudad.

Las arcadas regulares de las plantas bajas de estos edificios han permitido la proliferación y expansión de las terrazas de las

cafeterías y restaurantes, lugares de concurrencia diaria y abarrotados en las noches veraniegas.

Existen diferentes variantes de la galería, que en esta zona oscilan entre la clásica, en la que predomina el carácter funcional y la horizontalidad, como en la casa *Batanero* (número 3 de la avenida de Montoto); y la modernista que refleja la impronta de este estilo en su tratamiento, recayendo el acento en la valoración cromática, en el juego de ritmos verticales y en el movimiento de líneas,

como podemos observar en esa auténtica obra maestra que es la casa *Rey* (contigua a la anterior). La galería que fue en su momento un elemento urbano de renovación y que posiblemente se haya originado aquí, en La Coruña, se integró después con la ciudad hasta convertirse en uno de sus principales componentes de identificación: tierra, mar y cristal.

Enfrente existe un pequeño parque infantil y un pequeño edificio que es la oficina de Información y Turismo. Podremos ver también la *Dársena* y el Club Náutico, sobre cuya línea se construyó el nuevo muelle de Méndez Núñez que permitirá el atraque directo de los grandes trasatlánticos y la creación de una doble dársena. En su parte derecha se encuentra, en los meses de verano, el punto de salida y llegada de «motoras» o barcos que transportan a los viajeros a la playa de Santa Cristina, enfrente, en el otro lado de la bahía.

Puerta Real

En este espacio se inicia una ramificación de rutas. Por la calle María Barbeito penetramos en la plaza de María Pita teniendo una buena perspectiva del conjunto con el Palacio Municipal en su lado norte. En dirección opuesta subiendo por el paseo de la Dársena nos dirigiremos al del Parrote, zona de murallas y defensas antiguas, excelente mirador sobre la bahía. Por la calle Santiago iniciamos la subida hacia el primitivo casco urbano, la Ciudad Vieja. Aquí estuvo situada una de las principales puertas del recinto que amurallaba este espacio urbano coruñés hasta mediados del s. XIX. Por esta puerta se realizaban las principales comunicaciones con la zona de la Pescadería, y el mercado del Puerto, por eso los nombres que tuvo: puerta de la Torre, de la Ciudad, del Mercado, hasta el actual.

Si quiere variar el recorrido puede buscar en la ruta de la Ciudad Vieja la zona que desee. Si decide seguir ésta visitaremos un nuevo e interesante espacio urbano.

El puerto y las galerías.

PUERTO DE LA CORUÑA

RUTA DE LA PESCADERÍA

ZONA 2: MARÍA PITA • PANADERAS • S. AGUSTÍN

PUNTOS A VISITAR

13. Plaza María Pita
14. Palacio municipal
Importante planta noble
Museo de Relojes.
15. Monumento a Porlier
En la plaza donde fue ejecutado, hoy de España.
16. Iglesia Capuchinas
Edificación barroca de finales
del s. XVII.
**17. Museo provincial
de Bellas Artes.**
Interesantes fondos sobre pin-
tura gallega y española. Esculturra y numismática. Colecciones
de Sargadelos.
18. Iglesia de S. Nicolás.
Templo barroco del s. XVIII.
19. Mercado S. Agustín
Una de las primeras bóvedas
parabólicas de hormigón armado construidas en España en
1933.
20. Plaza del Humor
Original espacio lúdico.

INICIO	Plaza de María Pita
APARCAR	Aparcamiento subterráneo de la Plaza de María Pita. (Entrada túnel subterráneo)

SERVICIOS EN LAS INMEDIACIONES

Autobuses urbanos:	En todas las calles de la zona
Farmacias::	c/ S. Andrés, 161
	Cantón Pequeño
	Plaza de Pontevedra
Cafeterías y terrazas:	Zona de Riazor,
	Avda. Rubine y
	Plaza de Pontevedra.
Material fotográfico:	Cantón Grande, 24
Bancos:	c/ Juana de Vega y
	Durán Loriga y Cantones
	Varias entidades bancarias
	y Cajas de Ahorros.
Estancos:	Plaza Pontevedra, 4
	S. Andrés, 176
Lotería:	S. Andrés, 19
Fax. Teléfonos públicos:	c/ Alcalde Canuto Berea

SALIDA A LA PRÓXIMA ZONA	Por la c/ Pontejos hacia la calle San Andrés.

Plaza de España, monumento a Porlier.

RUTA 1:
LA PESCADERÍA

ZONA 2: MARÍA PITA · PA-
NADERAS · SAN AGUSTÍN

EL CONJUNTO URBANO DE MARÍA PITA

La Plaza de María Pita

Es conveniente acceder desde Puerta Real, a través del arco de María Barbeito, para obtener la mejor perspectiva de esta monumental plaza, conjunción de la Ciudad Vieja con la nueva de la Pescadería, y construida aprovechando el espacio rescatado entre sus murallas demolidas, que entonces se conoció como plaza de Alesón.

Su belleza nos llega, en una primera impresión, con la armonía de líneas y el equilibrio de sus proporciones. Observamos prácticamente un gran cuadrado de 100 x 112 m es decir, de 11200 m^2 delimitado en tres de sus frentes por edificaciones de análoga morfología, según el proyecto del arquitecto don José María Noya en colaboración con don Faustino Domínguez de la Cámara, que llevó la obra a término. Se estructura en bajo, tres plantas y ático.

Remozado su pavimento en los primeros meses de 1987, geometrizado en losa y adoquín, bajo el que se ha construido uno de los nuevos aparcamientos subterráneos, esta remodelación, aparte criterios técnicos o estéticos, ha recalcado su aspecto de gran plaza, su efecto monumental, semejando un ágora, entre pórticos peripatéticos, sobre la que se proyecta al norte su Palacio Municipal como fulgurante «escena» de teatro griego. Pueblo y Gobierno fundidos en este conjunto urbano, núcleo de la *Polis* actual.

Plaza de María Pita. Ayuntamiento.

El Palacio Municipal

El 27 de agosto de 1917, doña Emilia Pardo Bazán procedía a la inauguración del II Salón de Pintura Gallega, para el que se abrieron por primera vez al público las artísticas puertas de forja y bronce del nuevo edificio que el Ayuntamiento de La Coruña había hecho construir en la plaza de María Pita. La inauguración e instalación oficial se realizó al año siguiente. La cultura precediendo a la política. ¡O témpora! ¡ O mores!

Situado en la banda septentrional de la Plaza, construido por don Pedro R. Mariño y Ortega entre 1904-1917, mide 64 m de frente por 36 m de fondo. Lo forman tres plantas y ático construidos en magnífica sillería de piedra.

Su artística e historiada fachada, de estilo ecléctico y decoración historicista en la que predominan los ornatos de sabor clasicista y neobarrocos, descansa sobre elegantes arcadas que forman los amplios soportales corridos a lo largo de su planta baja. Se introduce así un elemento dinamizador en el conjunto que anula el efecto uniformemente de la horizontalidad, el contraste del claroscuro, el juego de luces y sombras. Sobre los arcos la leyenda emblemática de la ciudad como reconocimiento del papel histórico que desempeñó como sede del Gobierno de la Capitanía General, de la Audiencia y de la Intendencia General del Reino de Galicia.

Gran ventanal central, que como tapiz metálico realzará la utilización pública de su balconada.

Las armas de la ciudad y estatuas simbólicas de las provincias gallegas decorando como cariátides el ático central, sobre el que se encuentra el gran reloj de campana. Coronando la fachada una elegante crestería y las cúpulas,

Escudo de la ciudad.

recubiertas de azulejos de reflejos metálicos de sus tres torres.

Calidad en la construcción, singularidad en el diseño, belleza en el edificio, armoniosidad con el conjunto hacen de este Palacio una de las más logradas muestras de Casa Consistorial de España y uno de los mejores ejemplos de la arquitectura de su momento.

Museos y Planta Noble del Palacio Municipal

Penetrando por su puerta principal al vestíbulo encontramos a nuestra derecha, una gran escalera regia en la que dos armaduras montan la guardia de honor, bajo techumbre acristalada con vidrieras que plasman el escudo de la ciudad y la leyenda corrida «Muy noble y muy leal ciudad de La Coruña, Cabeza, Guarda, Llave, Fuerza y Antemural del Reino de Galicia».

En el interior de la Planta Noble o primer piso del Palacio se encuentran los despachos oficiales de la Alcaldía y una serie de elegantes y amplios salones de suntuoso mobiliario, a los que se accede a través de la *Galería de Alcaldes* (con los retratos de los principales regidores del Municipio). Digno de ser visitado el *Salón Capitular* o Salón de Sesiones de la Corporación Municipal. Destaca como uno de los más interesantes de España por lo artístico de su factura.

Fue inaugurado en 1927 con ocasión de la visita de los Reyes don Alfonso XIII y doña Victoria Eugenia, siendo alcalde don Manuel Casás Fernández. Forman los laterales de la mesa presidencial dos losas pulimentadas obtenidas de la piedra sobre la que reposó herido Sir John Moore en plena *batalla de Elviña*. La central procede de la base de la Torre de Hércules, de los cimientos romanos. Adornan el frente de algunos asientos 25 tablas con excelentes relieves en los que se narran los principales acontecimientos de la historia de la ciudad, fueron realizadas por Ladislao Stern, tallista húngaro afincado en la ciudad y José Juan González. Tiene también el Palacio una interesante *pinacoteca* irregularmente distribui-

Museo de Relojes.
Reloj de mesa esmaltado S. XIX.

da en sus Salones, en la que puede seguirse una amplia panorámica de la mejor pintura gallega. En estas mismas *estancias* (el Salón-comedor, el Rojo o de doña E. Pardo Bazán, Sala de Audiciones, etc.) pueden también apreciarse muestras escultóricas, objetos de delicada y artística marquetería, bargueños renacentistas, espejos, cerámicas, etc., joyas, en fin, que el arte y el tiempo han ido decantando y acrisolando como patrimonio cultural de la ciudad.

Existe también expuesta una magnífica *colección de cuños prefilatélicos o marcas postales* de 1700 a 1846, anteriores a la extensión del uso del sello. El 22 de agosto de 1970 se inauguraba el *Museo de Relojes*, para albergar la colección donada por don Antonio Ríos Mosquera. Consta de cerca de 60 ejemplares, tanto de pared como de sobremesa, procedentes de escuelas o dinastías de relojeros de diversos países (ingleses, franceses, holandeses, alemanes, españoles...) abarcando desde el siglo XVII hasta la actualidad.

El despacho oficial del Alcalde, por su majestuosidad y riqueza pone el broche a esta sumaria descripción. Gran mesa con incrustaciones de marquetería en oro; Libros de Oro de la ciudad con las firmas y dedicatorias de los principales personajes que la han visitado; pendón oficial; vitrina numismática con insignias y monedas de la antigua ceca coruñesa, algunas de ellas son ejemplares únicos. Gran expositor de banderas iberoamericanas.

Iglesia de San Jorge

En la Cuesta de San Agustín, próxima a la plaza de María Pita, encontramos la iglesia diseñada por Domingo de Andrade, el autor de la torre del Reloj de la catedral de Santiago, para la Compañía de Jesús. Las obras se inician

Iglesia de San Jorge.

en 1695. En 1767 el rey Carlos III firma el decreto de expulsión de los jesuitas. El edificio será ocupado por la comunidad agustina trasladada desde el convento de Caión (por eso el nombre de San Agustín en los lugares de su entorno). En 1838, dado el estado ruinoso de la iglesia parroquial de San Jorge, situada donde hoy se encuentra el teatro Rosalía de Castro, se decide su traslado ocupando y dando el nuevo nombre a la iglesia de San Jorge. Tiene gran *fachada* de sillería perteneciente al barroco gallego, con decoración en placas, grandes columnas toscanas que enmarcan a santa Lucía y santa Margarita. San Jorge en la hornacina central que acentúa el ritmo ascendente de la fachada.

El *interior* tiene planta de cruz latina y tres naves. La nave central con bóveda de cañón sostenida por arcos de medio punto, y los laterales con bóvedas de aristas. Un breve crucero cuyo tramo central se corona con una linterna. Posee algunos altares notables, destacando los del crucero de estilo barroco, con excelentes tallas como las del Ecce Homo y Cristo atado a la columna. Una Inmaculada del escultor Ferreiro y un san Agustín del barroco italiano son lo más interesante. Algunos cuadros del pintor ferrolano Agustín Robles (n.1758) en cuya obra predominan los tonos ocres y terrosos, y una fuerte influencia de su maestro Mengs.

Plaza de España

Dejando atrás San Jorge, subiendo por la Cuesta de San Agustín y torciendo a la izquierda al finalizarla, llegaremos a la plaza de España, llamada así por un acuerdo municipal desde 1937. Originariamente era un espacio exterior de la Ciudad Vieja, lugar dedicado a las ejecuciones públicas, por ello su nombre de Campo de la Horca. El más famoso ejecutado fue el *Marquesito*, Juan Díaz Porlier, héroe de la Guerra de la Independencia. A sus 26 años llegó a ser Mariscal de Campo. Se pronunciaría después contra el absolutismo de Fernando VII en defensa de los ideales liberales, el 17 de septiembre de 1815. El 23 de octubre de este año era ajusticiado. La Plaza cambiaría luego el nombre por el de Campo de la Leña, por el mercado que de ésta allí se realizaba y finalmente por el nombre actual. En memoria de Porlier se levantó sobre la plaza recientemente remodelada una estatua conmemorativa de aquel profundo liberal que tan hondamente conectó con el pueblo y espíritu coruñés.

mental fachada del Obradoiro. Por un atrio cerrado por una verja de hierro, observaremos una sencilla *fachada* perteneciente al barroco compostelano. En la hornacina central estatua de la Virgen de las Maravillas. Sobre la peineta del remate gran escudo de armas. El *interior* de una sola nave poseía interesantes altares con retablos churriguerescos y un gran cuadro de San Francisco atribuido a Zurbarán. En la actualidad está en reconstrucción. Existe un proyecto de reconvertirlo, uniéndolo por la parte pos-

Museo de Bellas Artes. Fachada.

Iglesia-Convento de las Capuchinas

Descendiendo de la plaza de España por la calle Panaderas, encontraremos a nuestra derecha el citado Convento y próximo el Museo Provincial de Bellas Artes. Sobre el emplazamiento de una antigua ermita se construyó a finales del s. XVII el edificio conventual. La fachada barroca de su iglesia fue diseñada por Fernando Casas y Novoa, el gran artífice compostelano autor en la catedral de Santiago de la monu-

terior en el cercano Museo para crear un gran complejo cultural.

Museo Provincial de Bellas Artes

En la plaza del Pintor Sotomayor (anteriormente de Panaderas) se encuentra el edificio que ocupó como su sede la sociedad Económica de Amigos del País y el Real Consulado Marítimo y Terrestre de La Coruña, desde su creación por Carlos III en 1785. Tras varias vicisitudes en las que

Museo de Bellas Artes. Vista de una de las salas.

fue ocupado como Escuela de Náutica y por otros distintos organismos e instituciones estatales, se habilitó el edificio para acoger desde 1947 al Museo de Bellas Artes, que popularmente es conocido como Museo de Panaderas.

Fachada. Se conserva la estructura de la fachada primitiva, salvo el ático o tercer piso que se le añadió en los años 40 de este siglo. De estilo neoclásico y sobriedad racionalista, realizado en sillería granítica con ritmos repetitivos y uniformes. El almohadillado de su planta baja refuerza el aspecto «rústico», de almacén que originariamente tuvo, contrastando con el más refinado de sus otras dos plantas.

Actualmente el museo alberga, además de sus fondos, la Real Academia Provincial de Bellas Artes de Nuestra Señora del Rosario y la biblioteca que perteneció al canónigo compostelano D. Pedro A. Sánchez Vaamonde, prototipo de persona ilustrada y gran figura del s. XVIII gallego, y que se encuentra en su planta baja.

El Museo

No pretendemos hacer una guía del mismo ni una enumeración y ubicación de sus obras, por otra parte siempre sujetos a posibles cambios en una futura reorganización. En el vestíbulo y patio de la planta baja encontraremos una serie de esculturas y piezas arqueológicas. Desde aquí arranca la escalera que nos llevará a los salones de la primera planta en la que podremos admirar una magnífica panorámica de la pintura gallega contemporánea, cuadros de género por su carácter anecdótico y descriptivo de escenas populares, retratos, paisajes, escenas de historia, interiores, etc., aquí y allá matices y calidades expresadas en pinceladas sabias (F. Llorens, D. Fierros, J. Vaamonde, Bello Piñeiro, Quintas Goyanes, L. Villaamil, Seijo Rubio, X. Quessada, etc.). En unas vitrinas se encuentran diversas esculturas, obras de Isidro Brocos posiblemente el escultor gallego más característico de finales del siglo XIX, que logró dar a sus creaciones una profunda expresividad apurada hasta el detalle más mínimo, como por ejemplo en su *Viejo de la zanfoña*, juntamente con diversas placas y otros objetos de gran interés histórico y artístico. Otra sala denominada de «ambientación romántica», *El Estrado*, nombre que indicaba en las casas de la burguesía decimonónica, la Sala de visitas, y por ello se decoraba de una manera especial: retratos de antepasados acicalados y furiosamente individualistas, recuerdos de viajes y de hechos importantes de los anfitriones o de sus familiares, esculturas, relojes y otros objetos exquisitos, en fin todo aquello que enalteciera el buen nombre de sus poseedores.

En la segunda planta, ya en sus escalinatas encontraremos la serie de 14 grandes lienzos de V.

El viejo de la zanfona,
Isidoro Broncos. Siglo XIX.

Carducho sobre la vida de San Bruno, juntamente con otros cuadros de grandes pintores españoles (J. de Juanes, Ribera, Murillo, el *arrepentimiento de S. Pedro* atribuido a Velázquez, Morales,

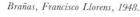

Brañas, Francisco Llorens, 1948.

Tristán, etc.). Un magnífico ejemplar de la «Biblia Complutense» que el Cardenal Cisneros hizo imprimir en Alcalá de Henares entre los años 1514-1517 dirigido por Alonso de Nebrija. En otra sala hallaremos una magnífica muestra del barroco europeo (Rubens, Tintoretto, Lucas Jordán, Veronés, Brueghel, etc.). La tercera sala está destinada a la exposición de la pintura española del s. XIX (Vaamonde, Madrazo, Esquivel, Vicente López, etc.). En diferentes rincones y expositores distribuidos por sus salas se exhiben dibujos, grabados, colecciones de monedas y diversos objetos de mobiliario de gran valor, a destacar las *colecciones de cerámica de la Real Fábrica de Sargadelos*. Loza de gran finura y calidad que competía en el siglo XIX con los mejores ejemplares ingleses. El museo cuenta con un gran número de piezas que incrementa con frecuentes nuevas adquisiciones. Están ampliamente representadas las cuatro grandes épocas clásicas: 1.ª 1806-1832, influencia

Ecce Homo, Morales. Siglo XVII.

Ecce Homo,
D. Correa. Siglo XVI.

francesa (reinado de Carlos IV, Guerra de la Independencia y reinado de Fernando VII); 2.ª 1835-1842 (Regencia de María Cristina); 3.ª 1845-1862, influencia inglesa y oriental (reinado de Isabel II) y 4.ª 1870-1875 (reinado de A. de Saboya, Primera República y comienzos de la Restauración).

Un museo acogedor, de visita

Vitrinas de cerámica.

obligada, lleno de interés, que nos introduce en el mundo artístico de forma agradable y atrayente.

Descendiendo por la calle de San Nicolás llegaremos a su pequeña plazoleta que da frente a la fachada principal del templo.

Iglesia de San Nicolás

Iglesia barroca edificada en el siglo XVIII y que Manuel Murguía atribuyó al arquitecto Clemente A. Fernández Sarela, el autor de la Casa del Deán y del Cabildo en la plaza de las Platerías de Santiago de Compostela. La reforma de su fachada en 1865 desvirtuó sus características artísticas y estilísticas. Más atractivo su interior que tiene una sola nave con crucero y ábside de planta cuadrada en la que va empotrado el altar mayor. Muy interesantes son los altares laterales, a la izquierda la capilla de los Dolores obra de Melchor Prado, también encontraremos en este lado la del Cristo de Alfeirán, también a la derecha la capilla del Nazareno. Sobre el crucero cúpula sobre pechinas con linterna en la que se

Iglesia de San Nicolás.

abren los vanos de iluminación con balaustrada circular. Las placas de piedra que decoran arcos y pilares son uno de los elementos distintivos y característicos del hacer decorativo del barroco gallego.

Plaza de San Agustín

Se llega bordeando la iglesia de San Nicolás, por la calle San Agustín, su parte sur fue remodelada en 1990 convirtiéndose en la actual *Plaza del Humor*, que ha combinado en clave de humor esculturas (Castiñeiras, Conde...) y bocetos (Siro) para crear un espacio lúdico y distendido, agradablemente relajante para tomarse

Mercado de San Agustín.

un pequeño descanso mientras observamos los dibujos de su pavimento o nos sentamos en uno de sus bancos para tertuliar con el reflexivo Castelao, la bonhomía de Cunqueiro o con esos animalillos húmedos evaporados de la prosa imaginativa de Fernández Flórez (más detalles en la página 141).

Mercado de San Agustín

Obra de grandes dimensiones realizada por los arquitectos Santiago Rey Pedreira y Antonio Tenreiro Rodríguez entre 1933 y 1939, como también la urbanización de su entorno. Sobre el edificio del Mercado levantaron una de las primeras bóvedas parabólicas de hormigón armado que se realizaron en España, de 32 metros de luz y que fue una auténtica innovación tecnológica en la arquitectura coruñesa, que ayudó a extender el nuevo estilo y los nuevos postulados del funcionalismo en la ciudad.

Plaza del Humor.

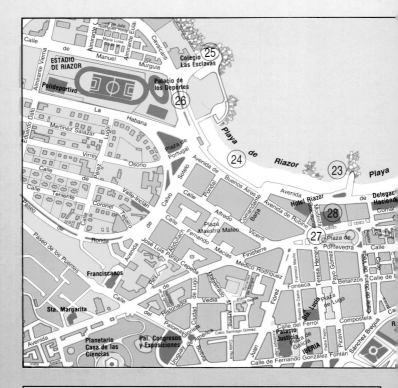

RUTA DE LA PESCADERÍA

ZONA 3: SAN ANDRÉS • RIAZOR • PLAZA DE PONTEVEDRA • CANTONES

PUNTOS A VISITAR

21. Iglesia S. Andrés
Edificio estilo ecléctico-historicista neorrománico, de 1883.
22. Playa Orzan
23. Rompeolas. Mirador
24. Playa Riazor
25. La Rotonda
Mirador sobre el Atlántico.
26. Palacio deportes
Conjunto instalaciones deportivas. Campo de fútbol.

27. Plaza Pontevedra
Espacio remozado recientemente.
28. I. B. Eusebio da Guarda.
29. Cantones
Principal arteria de la ciudad.
30. Edificio Banco Pastor.
El más alto de España en la época. Fuerte influencia Escuela Arquitectura Chicago.
31. Calle de la Estrella.
Comienza la principal diagonal gastronómica y vinícola de la ciudad.

INICIO	c/ Estrecha de San Andrés.
APARCAR	El recorrido debe hacerse a pie.

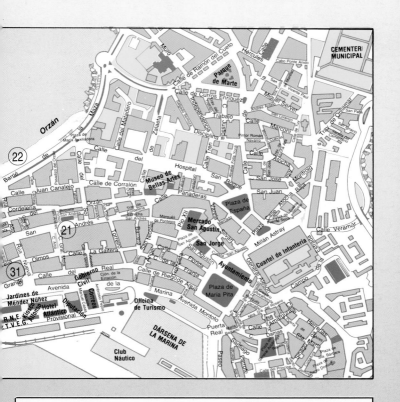

SERVICIOS EN LAS INMEDIACIONES

Autobuses urbanos: Parada en c/ Panaderas.
Mercado S. Agustín: Plaza S. Agustín.
Caja de Ahorros: Plaza S. Agustín.
Cafeterías y terrazas: Plaza de María Pita.
Restaurantes: Plaza María Pita.
Lotería: Plaza María Pita.
Cerámica y regalos Atlantis: c/ Fita, 4-B.

SALIDA A LA PRÓXIMA ZONA	Puerta Real.

Playa de Riazor.

RUTA 1:
LA PESCADERÍA

ZONA 3: SAN ANDRÉS · RIAZOR · PLAZA DE PONTEVEDRA · CANTONES

Siguiendo por la calle Pontejos desembocaremos en la calle de San Andrés dirigiéndonos hacia una nueva zona, la Ensenada del Orzán. Antes nos detendremos en un curioso y pequeño monumento que encontraremos a la derecha de nuestra marcha.

Iglesia de San Andrés

En la calle de este nombre, y por encargo de D. Eusebio Da Guarda, el arquitecto Faustino Domínguez Coumes-Gay levantó en 1883 esta curiosa iglesia como edificio que sería el mausoleo del mecenas (enterrado junto a su esposa en la parte posterior del presbiterio). El proyecto arquitectónico levantó una gran polémica popular, porque exigía la destrucción de los restos de la antigua iglesia románica que había pertenecido al Gremio de Mareantes Coruñeses. Esta capilla había sido incendiada en los días del ataque inglés a A Coruña (1589). El principal resto románico que se conservaba, la puerta oeste se trasladó y se empotró en las murallas de los Jardines de San Carlos. Otros restos se encuentran en el Museo Arqueológico de San Antón. El exterior de la iglesia y su fachada con perfecta sillería, se diseñan en un estilo eclecticista neorrománico empleando el neogótico en la bóveda de crucería de su única nave. Con interesantes imágenes en su altar del escultor Brocos.

Torciendo a nuestra derecha, por la calle Rúa alta desembocaremos en la zona de playas urbanas.

Playa Riazor-Orzán

El espacio originario de A Coruña, como una península soldada a la tierra por un istmo, dejó su lado este más resguardado por la bahía para el desarrollo de su puerto, el del oeste, en cambio, abierto al mar era zona de amplios arenales y roquedos que domesticados por una progresiva urbanización, la convirtieron en una gran concha de buenas playas sin solución de continuidad, la de Riazor, Orzán y Berbiriana, en el propio centro que colaborando con otros factores hicieron de La Coruña una gran ciudad turística y veraniega. El frente de Riazor abierto al océano, nos presenta en invierno la impresionante grandeza de un mar enfurecido que ruge encrespado en penachos de espuma. Suave y refrescante en verano baña la gran playa, que con el relleno del arenal se ha conseguido dar a sus aguas tonalidades verde azuladas. Recortándose sobre el perfil urbano de modernos edificios cuyas plantas brindan una creciente infraestructura turística.

Centro veraniego de mar y de sol, que ha sido potenciado recientemente por la construcción del paseo marítimo que se inicia sobre sus arenas para conducir, bordeando la península, hasta la Torre de Hércules, y que acentúa esta continuidad de espacios terrestres y marítimos sobre los que se articula esta ciudad.

En el lado izquierdo del arenal de Riazor se levanta el Playa Club, un pequeño y original conjunto de restaurante, sala de fiestas y de cafeterías que ofrecen sus terrazas y amplias cristaleras como excelentes miradores de la ensenada, próximo al espacio renovado de la Plaza de Portugal. En el límite de la playa, sobre las rocas que forman un magnífico espigón natural, se apoya la Rotonda, otro mirador de amplios horizontes atlánticos.

Palacio de los Deportes

Entre las calles de Manuel Murguía y la avenida de la Habana, se extiende un conjunto de edificaciones ligadas al mundo del deporte. El Palacio de los Deportes en primer plano, el edificio del frontón y piscina a su izquierda, luego el estadio de fútbol y al final el pabellón polideportivo. Toda esta zona fue preparada con un gran desmonte cuyas tierras y piedras arrancadas fueron transportadas por una vía férrea que a

Palacio de los Deportes.

Plaza de las Gaviotas. Paseo Marítimo.

Paseo Marítimo. Fuente del los Surfistas.

Plaza de Pontevedra.

tal efecto se había hecho construir para las obras del Relleno. Fue, sin duda, una de las mayores operaciones urbanísticas de la historia de La Coruña. Durante los meses veraniegos suelen celebrarse importantes competiciones nacionales e internacionales en gran variedad de deportes con la asistencia de renombradas figuras. Por su gran aforo suele utilizarse también el Palacio de los Deportes para la realización de grandes festivales musicales. A la izquierda de este conjunto deportivo se extiende la ciudad-jardín y hacia el oeste la llamada ciudad-escolar.

Siguiendo la avenida de Rubine nos dirigiremos a la plaza de Pontevedra.

Plaza de Pontevedra

Inaugurada en 1989 tras su última y radical remodelación que recuperó su perspectiva horizontal y su condición de plaza ciudadana, centro de comunicaciones y espacio de convivencia. La circulación rodada se ha canalizado en gran parte por el túnel subterráneo que bordea la plaza. También se construyó un aparcamiento subterráneo de dos plantas. Se ha intentado crear un espacio urbano que resultase agradable mediante la utilización de una serie de materiales cerámicos que estableciesen un contraste con los del resto de la plaza, pero que con su color cálido resultase acogedora a pesar de su gran superficie de 10000 m^2. El rebajar el nivel del suelo en la explanada de la fuente intenta una protección de vientos, individualización del ambiente y aislamiento del ajetreo del entorno. En un extremo se recolocó la estatua del mecenas, Eusebio da Guarda. Enfrente la paloma picassiana. Completa el conjunto un templete clasicista que utiliza el servicio de una cafetería.

En el flanco oeste de la plaza se alza el Instituto «Eusebio da Guarda».

Instituto de Bachillerato «Eusebio da Guarda»

Sobre los terrenos de las antiguas murallas, como también sobre el solar del antiguo fuerte defensivo del Caramanchón vigilante de la entrada del Orzán, el arquitecto Faustino Domínguez construyó gracias a la ayuda económica de D. Eusebio da Guarda, el Instituto de Enseñanza Media (1889) y la Escuela (1898), que llevan el nombre del filántropo. Fachada donde la sencillez se conjuga con una severa elegancia en la escuela, aparece con mejor diseño decorativo en el instituto. Tiene éste tres cuerpos, el central de sillería de piedra y de revoco de cemento los laterales. Elegantes arcadas clasicistas sobre columnas adosadas en la primera planta, que cubre sus vanos con cromáticas cristaleras emplomadas. Destacable la gran escalera de honor y el salón de actos en su interior, como lo fue también el interés del mecenas por el progreso de la condición femenina abriéndoles las puertas del estudio y la cultura en este que fue originariamente Instituto Femenino.

Saliendo de la plaza la línea de la calle Juana de Vega sigue la ruta de la antigua muralla que cerraba esta zona de la Pescadería. Podemos imaginarla: si miramos hacia los centros escolares de la plaza de Pontevedra, allí se encontraba un fortín defensivo para evitar invasiones enemigas o incursiones piratas por el frente de la Ensenada de Riazor (el llamado Caramanchón), próxima una torre («la Torre de Arriba») sobre el solar del edificio de la Consellería de Cultura, donde se abría una puerta de acceso a la ciudad. Si miramos ahora en dirección opuesta, hacia el puerto, al final de Juana de Vega se alzaba otra torre («la Torre de Abajo») con otra puerta, y más allá otro fortín (el Malvecín) para la protección del puerto.

Siguiendo nuestro recorrido dejaremos a nuestra izquierda el edificio del Banco de España, de estilo historicista en su lenguaje neoclásico, y la calle Durán Loriga, popularmente conocida como *bank street* por el número de sus entidades financieras. Doblando finalmente a la izquierda penetraremos en una amplia avenida, Los Cantones.

Los Cantones

Una de las principales arterias de la ciudad, que se alargan entre la línea de edificaciones, auténtica cornisa urbana sobre la bahía, y el verdor de los jardines de Méndez Núñez. La calle de Santa Catalina los divide en cantón Grande y Pequeño. En estos últimos años se está haciendo palpable el efecto de especialización interna que acusan los centros de las ciudades. Una progresiva disminución de la población residencial y la reconversión de este espacio urbano en «distrito central de negocios». Amplia zona comercial continua, calle Real, San Andrés y adyacentes. Todo esto produjo cambios en las alturas y fachadas de sus edificios que alteraron su fisonomía arquitectónica. Las más o menos uniformes fachadas-telón de estructuras metálicas de los actuales inmuebles, han ido sustituyendo en parte a los edificios tradicionales que guardaban entre sus piedras y fachadas cristalinas el recuerdo y sabor de otros tiempos.

Edificio del Banco Pastor

Levantado entre 1921 y 1923, decorado con ornamentos clasicistas al gusto del estilo historicista, sus arquitectos, Peregrín Estellés y Antonio Tenreiro, siguieron las enseñanzas de la Escuela de Arquitectura de Chicago, en particular las ideas que L. Sullivan proyectaba en sus «rascacielos», diseñados como un todo único. Dividido en tres zonas, la central de seis plantas recorridas por pilastras que acentúan los efectos

Los Cantones.

Calle Real

verticales; la baja (planta y entre-planta que con sus franjas poten-cian el efecto de sólido basamen-to) y la superior del ático que so-porta una potente cornisa de gran resalte, imponen al conjunto un encuadre horizontal.

Fue una de las primeras obras gallegas en las que se realiza una estructura de hormigón armado con cuatro fachadas sobre un so-lar de 1015 m^2, donde fueron de-rribadas 13 casas para posibilitar su construcción. Sus once plantas alcanzando los 38 metros de altu-ra lo situaron, en su momento, como el edificio más alto de Gali-cia y entre los de mayor altura de España. Este notable dimensio-nismo que se repite en otros edifi-cios semejantes, quiere expresar también cierta prepotencia social como reflejo de la solidez y segu-ridad de la clase a quien repre-sentaba, la alta burguesía finan-ciera y comercial de esta ciudad.

Comercios y gastronomía

Tras el anterior recorrido nos encontramos de nuevo en el cen-tro de la Pescadería. Este sector, entre la zona de playas de la En-senada del Orzán y el puerto, que se extiende entre la calle de San Andrés y sus más o menos parale-las Cantones y calle Real tienen una actividad predominantemen-te comercial y financiera. Bancos, empresas de servicios y múltiples locales comerciales, la mayoría con una preferente especializa-ción, forman un área de alta cua-lificación mercantil (peletería, moda y *prêt à porter*, joyería, relo-jería, cerámica, zapatería, óptica, artículos del fumador...) que pue-de ofrecer el detalle selecto en me-dio de una amplia oferta. Es la llamada zona comercial del Obe-lisco.

Otro de sus ejes, la línea que forman las calles Estrella, Olmos, Galera y Franja, se constituye co-mo uno de sus más afamados y típicos centros de degustación vi-nícola y gastronómica, no sólo por la gran variedad de productos visibles en sus escaparates, sobre todo por la selección y calidad de los mismos, siempre en un am-biente distendido, de fácil charla y de agradable trato. Dice el eslo-gan de esta ciudad que aquí nadie

Calle Riego del Agua.

es forastero, quizá pronto se dará cuenta del talante abierto y cordial que caracteriza a este viejo y simpático liberal que es el pueblo de La Coruña.

En la avenida de La Marina hallará también otro eje de restaurantes que ofrecen sus menús en agradables terrazas suavizadas en los meses veraniegos por las brisas que soplan desde el mar. Lugar de aperitivos, de almuerzos, también de copas, rodeado de colorido, de luz, que se abre a los muelles de atraque de trasatlánticos, a su movimiento cosmopolita, al paseo de sus gentes. Sensaciones vivas, gratos recuerdos que mantendremos en nuestra memoria como un deseo, quizás, de volver otro año, de encontrar otra ocasión.

Calle de los Vinos.

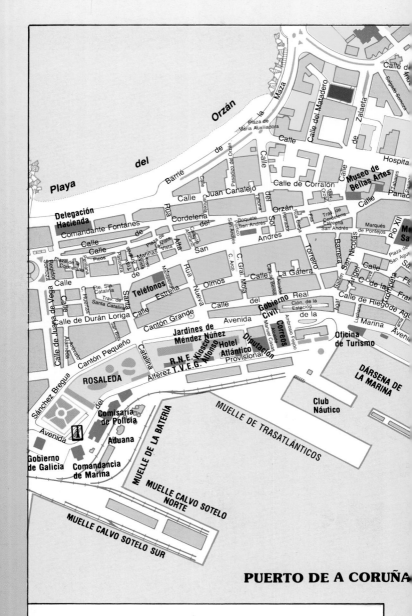

PUERTO DE A CORUÑA

RUTA DE LA CIUDAD VIEJA

ZONA 1: PUERTA REAL - PUERTA DE AIRES

ZONA 2: LAS BÁRBARAS - PUERTA DEL PARROTE

ZONA 3: CASTILLO DE SAN ANTÓN

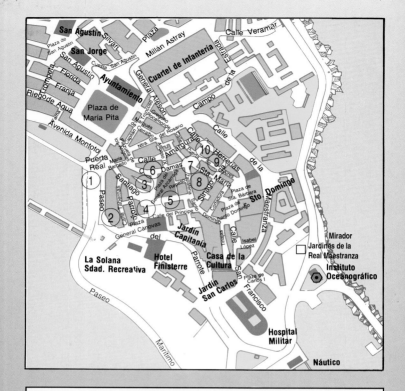

RUTA DE LA CIUDAD VIEJA

ZONA 1: PUERTA REAL • PUERTA DE AIRES

PUNTOS A VISITAR

1. Puerta Real
Antigua puerta que comunicaba la ciudad Alta con la Pescadería.

2. Palacio de Dña. Emilia Pardo Bazán.
Caserón s. XVIII. Hoy Sede de la Academia Gallega. Pinacoteca y Museo de E. Pardo Bazán.

3. Iglesia de Santiago
Templo románico, el de mayor antigüedad de La Coruña. 2ª mitad del s. XII.

4. Edificio Capitanía General.
Palacio neoclásico de mitad del s. XVIII.

5. Plaza de Azcárraga
Sosegada plaza enmarcada en un bello conjunto floral.

6. Palacio Marqueses Camarasa
Edif. s. XVI con reformas en el s. XVIII. Antigua Casa Veedor.

7. Palacio Cornide
Palacio urbano característico de su época. Principios s. XVIII.

8. Colegiata Sta. Mª del Campo
Importante templo medieval de gran valor artístico.

9. Museo Arte Sacro

10. Puerta de Aires
Lugar gesta Mª Pita, 14 de Mayo de 1588, en defensa de la ciudad.

INICIO	Puerta Real
APARCAR	Aparcamiento subterráneo plaza de María Pita.

SERVICIOS EN LAS INMEDIACIONES

Alfares de Buño (artesanía popular)	Plazuela de los Ángeles, 6
Farmacia en Travesía Zapateira	(próxima a la plaza de
	Azcárraga).
Antigüedades Portón	c/ Puerta de Aires, 3.
Antigüedades Almoneda	c/ Amargura
Farmacia Militar	c/ Campo de la Estrada
Cabinas telefónicas	c/ Campo de la Estrada
Parada Bus	c/ Campo de la Estrada
Cafeterías en las diversas calles	

SALIDA A LA PRÓXIMA ZONA	c/ Puerta de Aires o c/ Santa María.

Plaza de Azcárraga.

RUTA 2:
LA CIUDAD VIEJA

ZONA 1: PUERTA REAL · PUERTA DE AIRES

Estamos en el núcleo primitivo de la ciudad. Originariamente un castro, luego romanizado, será durante los siglos medievales cuando adquiera gran parte de su aspecto actual. La Ciudad Alta o Vieja conserva en su planta este origen; falta de plan urbanístico, edificaciones apretadas que tenían que seguir el trazado de unas calles adaptadas a las dificultades que una topografía irregular planteaba a su emplazamiento. Se fue desarrollando en líneas más o menos radiales, a partir de los principales centros religiosos y políticos, hacia las murallas que la circundaban, concluidas posiblemente a principios del s. XIII, transformándola a toda ella en una fortaleza de perímetro elíptico que aún se vislumbra siguiendo las calles de la Maestranza, Rosario, paseo de la Dársena, parte del Parrote. En el nombre de sus calles aún perviven huellas de su pasado gremial, en la de Herrerías, los herreros; en Cortaduría, los carniceros; Zapatería, etc.

El nombre anunciaba la actividad, como también el de los grandes oficiales o personajes reales designaba a las suyas. En Veeduría, la residencia del Veedor; la de Damas, por las princesas; la del Príncipe, etc. En la calle Sinagoga, que hace referencia a un mojón divisorio y no a judíos, en el número cuatro se conservan restos de una cisterna medieval hecha en la roca viva, y en parte una galería subterránea que conducía a la iglesia de Santa María.

Preparémonos para asistir a una lección de historia que ha quedado contenida entre las piedras de sus casas y sus rúas. En el recuerdo de su pasado medieval y moderno que conserva suspendido en sus agradables y artísticas cuestas y rincones, que nos espera para sorprendernos a la vuelta de una esquina, para que lo contemplemos mientras descansamos sobre un banco, en el silencio fresco de una plazuela recoleta.

Desde Puerta Real (antigua Puerta del Mercado o de la ciudad, que unía la Vieja con la Nueva de la Pescadería) ascendemos por la calle de Santiago. Podemos hacer un pequeño desvío por la calle Tabernas, en su número 11 encontraremos la casa de doña Emilia Pardo Bazán.

Palacio de doña Emilia Pardo Bazán

Caserón del s. XVIII, restaurado en 1934 y nuevamente, para su nueva función desde 1975, es hoy *museo* monográfico del mundo de la escritora y sede de la *Real Academia Gallega* y de su importante *Biblioteca*, como también una pequeña pero interesante *pinacoteca* (Llorens, Seijo Rubio, murales de Castelao, retratos de académicos, etc.).

Originalmente el estudio de la insigne escritora estuvo en la ter-

Casa-museo
Emilia Pardo Bazán.

Casa-museo Emilia Pardo Bazán, sala de lectura de la RAC.

cera planta, hoy bajo tutela de la Academia, puede visitarse su museo en la primera. Ofrece una reconstrucción de las habitaciones en las que transcurría la vida cotidiana de doña Emilia: cuadros, objetos decorativos y personales, mobiliario, vajilla, cristalería, su propio dormitorio. Muchas piezas expuestas proceden de su casa de Madrid, otras de las continuas adquisiciones que se realizaron. Es uno de los museos monográficos más completo que hay en España.

Iglesia de Santiago

Su construcción data de la segunda mitad del s. XII, quizá la de mayor antigüedad de La Coruña, aunque es difícil determinar el año en que comienzan o terminan sus obras, dado los incendios, las remodelaciones y las múltiples alteraciones que sufrió con posterioridad. Si se puede hablar de historia atormentada en un edificio, esta iglesia ocupa un lugar destacado. Con los datos que hoy poseemos se la incluye en el reinado de Fernando II de Castilla (1157-1188). Su primitivo trazado románico tenía tres naves que remataban en tres ábsides semicirculares. En los dos siglos siguientes los cambios en la sensibilidad artística, permitieron introducir elementos estilísticos del gótico en los remates de obras y en la decoración de fachadas (arcos apuntados u ojivales sobre su puerta principal, etc.). En su pórtico, al son de campanas, se reunía el Concejo de la ciudad hasta el s. XV, en que posiblemente un incendio destruyó la cubierta y otras partes del templo lo que obligó a realizar las primeras reformas que transformaron su planta en una única nave. Su fachada occidental estaba enmarcada por dos torres, que al amenazar ruina se derribaron en el s. XVII levantándose la actual, lo que obligó a reformar el lado derecho del ábside modificando su perímetro semicircular. Otro incendio en abril de 1779 dio lugar a nuevas obras. Finalmente a finales del s. XIX el arquitecto municipal Juan Ciórraga modificó parte de su fachada principal o de occidente para introducir el gran rosetón, realizado en un estilo neogótico para no romper la armonía del conjunto.

Fachada occidental

Esta portada que es la principal se encuentra muy alterada dadas las diversas reformas que tuvo el templo. Su fábrica se construyó a principios del s. XIII.

Sobre grupos de tres columnas acodilladas y con elegantes capiteles decorados con hojas de acanto y diversas escenas escultóricas (sacrificio de Isaac, etc.) se inician las arquivoltas ojivales, la central con 20 figuras, que forman la visera o dosel de protección del tímpano. En su centro Santiago a caballo, de buena y hábil factura gótica, recordando la figura del Apóstol como símbolo y guía de los ejércitos cristianos reconquistadores contra el enemigo musulmán. En una disposición radial de adornos y figuras se abre el abanico de los 20 beatos con sus respectivos instrumentos, algunos musicales todavía pueden identificarse.

Sobre las jambas de la puerta se sitúan los ángeles postrados mostrándonos instrumentos de la Pasión y las figuras románicas de san Juan, que sostiene un libro con su mano izquierda y señalándolo con el índice de la otra, recalcando su importancia como camino de fe y verdad, por ello se piensa que debe tratarse de su evangelio o quizá del Apocalipsis. La otra figura que tiene un libro apoyado sobre la cabeza pudiera tratarse del evangelista S. Marcos. El libro revelado sobre el corazón y la cabeza expresa la esencia de la religiosidad medieval. El plegado y el modelado de sus túnicas nos recuerda la influencia compostelana del Pórtico de la Gloria, la fuerza de los arquetipos en el arte de estos tiempos.

El conjunto se corona con una banda de arquillos adosados formando un tornalluvias de protección, en su centro una representación de Cristo mostrándonos las heridas de la Pasión. Juan de Ciórraga le añadió a finales del s. XIX el rosetón superior.

Adosado a la izquierda de la fachada un sepulcro gótico.

Fachada norte

Es sin duda la menos alterada, por lo tanto plenamente románica y por ello también de claras influencias compostelanas. Dos arquivoltas decoradas con boceles y con florones la inferior, se apoyan sobre sendas columnas acodilladas y de capitel corintio, las jambas. Un tímpano esculpido con el Cordero Místico, y una cruz símbolo del «Agnus Dei» entre dos soles como alfa y omega, origen y fin de la vida, que se refuerza con dos cabezas de animales, posiblemente vacas, exteriorizando la humildad y mansedumbre que harán de los pacíficos el reino de los cielos.

Portada sur

Las obras realizadas cuando se erigió la torre, actualmente la cerraron al exterior, actualmente se encuentra aislada por una muralla que cobija un pequeño jardín. Se accede desde la sacristía. Su puerta se cubre con unos arcos románicos de factura muy simple, que no tienen gran interés.

Exterior de los ábsides

Desde la plaza de la Constitución podremos admirar la sobria elegancia decorativa y la armoniosidad exterior de su triple ábside, justificados por la primitiva estructura de tres naves que tenía el templo. Sobre su curvo paramento de sillares graníticos unas

Detalle del Pórtico.

semicolumnas adosadas con interesantes capiteles y modillones que sostienen la cornisa. En el frontón del testero un gran rosetón de finales del s. XIV, con un ornamental enmarque cordal.

Interior

Ya hemos visto los grandes cambios que modificaron sus tres naves primitivas en la única que actualmente dispone su planta basilical, que tiene cubierta de madera sobre arcos apuntados. En el testero de la iglesia quedaron las huellas de los adosamientos de semicolumnas en los que descansarían los arcos formeros que dirigieron el eje longitudinal

Los tres ábsides.

de las antiguas naves. También se conservaron los tres ábsides con sus cubiertas de bóveda de cañón, es decir semicirculares, con terminación en cascarón o cuartos de esfera, salvo el de la derecha o ábside de la epístola que fue reformado en 1615 a causa de la construcción de la torre en 1607. Barroca también es la capilla de San José abierta en el muro sur en 1604. En su interior bajo una bóveda de medio cañón, los sepulcros de los protectores, la fa-

tal de Santiago sedente realizada en piedra policromada y de gran carácter perteneciente al s. XIV, que se encuentra en el baptisterio, en su mano izquierda una cartela nos recuerda su condición de Patrón de España. Posiblemente su ubicación primitiva fue el altar mayor. Es de destacar igualmente la Virgen de la Leche, estatua exenta situada también en el muro derecho o de la epístola, talla en madera del s. XVIII de admirable factura. En la sacristía

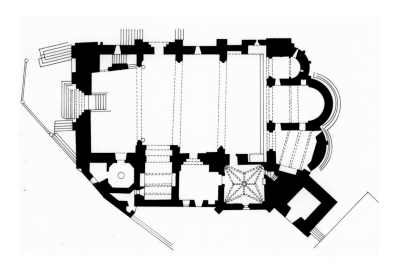

milia Bernáldez, de Ana a la derecha y de Bernaldino e Isabel Pérez su mujer, a la izquierda. Ambos en actitud orante, con mirada fija en el altar, ataviados a la usanza del s. XVII: túnicas, esclavinas, cuellos de gorguera, ella con cofia en la cabeza, él con jubón y calzas.

Posee la iglesia una curiosa imaginería destacando el Santiago sedente del altar mayor de García Felipe, o la ecuestre de Nicolás Manzano del s. XVIII. Muy interesante es la monumen-

se guarda una serie de pequeñas figuras de madera de principios del s. XVI. Encontraremos también en el templo escudos reales adosados a sus muros y laudas sepulcrales que recuerdan privilegios y agradecen favores recibidos de sus protectores. Se sitúan preferentemente en el muro del evangelio, izquierdo, allí encontraremos también un sepulcro gótico cerca del testero. Memoria histórica que el tiempo ha ido decantando y concentrando en sus piedras, en sus formas, en ese espíritu que respiramos en su interior.

Capitanía General.

Plaza de la Constitución y edificio de Capitanía General

En la antigua plaza de la Harina, por el mercado principal que en ella tenía lugar, se diferencian hoy dos nuevos espacios urbanos. El más bajo y próximo a Capitanía General es la plaza de la Constitución. El edificio construido entre 1748 y 1753, reinando Fernando VI, tiene planta rectangular, patio central y una severa fachada de sillería de piedra, resaltada por las pilastras almohadilladas que insinúan un carácter militar en su aspecto palaciego. Su cuerpo central lo corona un gran arco de medio punto, que ofrece la superficie del tímpano para el escudo del Reino de Galicia. En el edificio originariamente se ubicaron en su ala izquierda la residencia del Capitán General, el Estado Mayor, la Diputación Provincial y el gobierno Político de la Plaza, en su otra ala se asentó la Audiencia Territorial, su archivo y la cárcel. Actualmente sólo se encuentran ofici-

nas y dependencias de la Capitanía General. Sobre la fachada del edificio una placa colocada en 1908 recuerda el centenario de la insumisión de la ciudad ante la invasión extranjera y la organización de la lucha de independencia con la formación de la primera Junta Suprema del Reino de Galicia.

A nuestra izquierda, en la calle Príncipe (la antigua «Rúa de D. Felipe», el infante hijo del rey de Castilla, Sancho IV y de María de Molina, que residió parte de su vida en un palacio situado en esta calle, hoy desaparecido). En su casa número 1 nació en 1869 la poetisa Francisca Herrero Garrido, a quien fue dedicada el «Día das Letras Galegas» de 1987. El número 3 es la casa donde residió Rosalía de Castro con su familia, la poetisa que mejor captó y expresó el ser peculiar y tradicional de Galicia. («¡Oh tierra, antes y ahora, siempre fecunda y bella! /Viendo cuán triste brilla nuestra fatal estrella,/»)

Plaza de Azcárraga

El espacio opuesto al de la Constitución, forma otra plaza que recibe el nombre del general Azcárraga, ministro de la Guerra que en el año 1896 devolvió a La Coruña la Capitanía General que había sido trasladada a León. La pérdida de la Capitanía había provocado desde marzo de 1893 una profunda convulsión ciudadana, que superando ideologías y partidismos había hecho de los coruñeses una voz de protesta unánime y que olvidando viejas rivalidades se había transformado en solidaridad de Galicia con La Coruña. Esta común postura de rebeldía y de lucha que hizo nacer la Junta de Defensa de La Coruña encabezada por el propio alcalde don José Soto González, decretó la resistencia y desobediencia pasiva de la ciudad. Los hombres de la Junta fueron detenidos pero el pueblo continuó la lucha y La Coruña ganó la batalla. Estos tres años de enfrentamientos favorecieron también una reflexión sobre el hecho diferenciado de Galicia que tendría importantes consecuencias en años sucesivos y desde la crisis del 98. Plaza y jardines del general Azcárraga fueron remodelados en el año histórico de 1896 por D. Pedro Ramiro Mariño y Ortega, trazando cuatro avenidas enlosadas, dividiendo los espacios verdes y que convergen en la simbólica Fuente del Deseo. El fresco sonido del agua, la luz tamizada por los frondosos árboles destacando el colorido de los estramonios,el aroma de los magnolios, incitan a la contemplación y deleite de los sentidos, conformando la belleza y el sosiego que se respira en este apacible lugar de la ciudad.

Subiendo por la calle Damas, una de las más antiguas de esta ciudad, donde según conserva la tradición vivieron las infantas doña Dulce y doña Sancha, que heredaron el Reino de Galicia de su padre Alfonso IX de León (1188-1230) quien concedió a los habitantes de La Coruña el nuevo fuero de Concejo y Ciudadanía en 1208, y hermanastras de Fernando III el Rey Santo de Castilla y a quien cedieron ya definitivamente Galicia. Fue, pues, una de las rúas medievales donde se alzaban los principales edificios de los notables, hoy desaparecidos en su mayor parte. En el número 20 se levantaban las Casas Consistoriales.

Palacio de los marqueses de Camarasa

Hoy sede del Gobierno Militar de la Plaza, fue la antigua Casa del Veedor, cargo real que desempeñaban los marqueses. El edificio fue construido a principios del siglo XVI, y en él se albergó Carlos I en las últimas semanas de abril y primeros de mayo de 1520 durante las Cortes celebradas en la ciudad, antes de embarcarse para ser coronado como emperador en Alemania. En el s. XVIII sufrirá una profunda reforma que le dará, en gran parte su aspecto actual. Edificio singular exento, de recio diseño con fachada construida en sillería de granito y revoco pintado, en la que podemos destacar la portada artística, que aparece coronada con escudo de las armas reales, perteneciente a la reforma del s. XVIII.

Palacio Cornide

Situado en la calle Damas 15, este elegante y armonioso edificio de principio del siglo XVIII, corresponde a un barroco final o de transición, tiene tres plantas con sótano, y una fachada realizada en sillería regular de granito rosa que da al conjunto un suave colorido dorado al recibir la luz solar. Una decoración austera que

Palacio Cornide.

aprovecha al máximo el equilibrio de vanos y macizos, y redondea sus esquinas, se complementa con las artísticas rejerías de hierro de sus balcones, y remata la última planta en un frontón partido que recoge el escudo de armas familiar. Representa el típico palacio urbano característico de su época. En él vivió el historiador, geógrafo y naturalista D. José Cornide Saavedra (1734-1803). Actualmente pertenece a la familia del anterior Jefe de Estado.

Colegiata de Santa María del Campo.

Iglesia Colegiata de Santa María del Campo

Estamos ante un templo de importante valor artístico, pero sobre todo fue uno de los núcleos medievales de su fe y de su trabajo (sede de gremios como el de marineros y comerciantes, los principales) y es hoy uno de los símbolos de la historia de la ciudad. Antiguas tradiciones fijan sobre este promontorio, que supera la cota de 23 metros, un antiguo castro, luego romanizado como núcleo urbano, que atestiguan los restos exhumados en sus excavaciones. Finalmente cristianizado al erigir allí una ermita. Ésta sería derribada en la segunda mitad del s. XII para levantar el primitivo templo de una nave. La primera noticia histórica es sin embargo de 1217 donde se habla de su funcionamiento y de su capellán. Luego Alfonso X le concede el privilegio de parroquia. El 29 de noviembre de 1441 el arzobispo de Santiago la eleva a la categoría de Colegiata, que el papa Eugenio IV ratifica en 1443 que le dio derecho a tener un cabildo colegial formado por 12 canónigos y un prior. A petición de los Reyes Católicos, un nuevo papa, Alejandro VI, le concede el título de Insigne y el de Abadía. La dignidad de abad llegará hasta nuestro días. Esta es la historia de un encumbramiento y de su preeminencia eclesiástica en la ciudad. Las razones, como dice un documento, además de las puramente religiosas (Servicio de Nuestro Señor, devoción a Santa María) serían las apoyadas por el «gremio de Mareantes», principal entidad económica que había transformado en costumbre la primera visita a la iglesia de todo mercader y marino que desembarcasen en su puerto.

Fachada principal

La portada actual es el resultado de una profunda reforma realizada en 1879 por el arquitecto Juan de Ciórraga. Se hizo desaparecer el pórtico y las dependencias capitulares que existían sobre él, como las capillas interiores del Portal y de San José, para un nuevo ensanche del templo que aumentó su longitud pero afectó a su armonía. De la fachada primitiva sólo se ha conservado el círculo del rosetón, las arquivoltas que descansan en tres pares de columnas acodilladas de capiteles vegetales y el tímpano. En él se expone uno de los temas más profusamente representados y populares en la iconografía medieval, la adoración de los Reyes.

Fachada principal.

La Virgen, que por un problema de composición no bien resuelto queda desplazada hacia la derecha, se nos presenta frontalmente, actuando como trono en el que se sienta el Niño Dios en actitud de bendecir. A la derecha san José con la cabeza apoyada en la mano en actitud ausente. En el lado opuesto los tres reyes iniciando una genuflexión el primero. Todos los personajes aparecen ataviados a la usanza medieval, túnicas largas, mantos prendidos por fíbulas en el cuello, espuelas de caballero en las Magos, etc. En los extremos del tímpano dos castilletes de dos pisos almenados. De uno asoman las cabezas de los caballos de los' reyes.

Las cuatro arquivoltas que cierran y protegen la decoración escultórica relatada son de medio punto o semicirculares y decoradas con baquetones y ornamentos vegetales, salvo la inferior en la que se disponen 11 figuras distribuidas en sentido radial. En la clave o centro, el Salvador portando un libro (el Nuevo Testamento) y bendiciendo con la otra, flanqueado por una figura con libro (un evangelista) y otra con llaves (san Pedro). El resto son ángeles sobre nubes con cartelas o filacterias cuyas frases, como la policromía que el conjunto tuvo originariamente, se perdieron.

Fachada Sur

Es la más antigua del templo de la primera mitad del s. XIII. Tres arquivoltas de ligera herradura apoyadas sobre grupos de dos columnas acodilladas en las jambas con interesantes capiteles historiados, guardan un tímpano de difícil concreción iconográfica. Son siete figuras que rodean a otra central que apoya su mano izquierda en un bastón en forma de tau y bendice con su mano derecha. A sus flancos dos personajes que parecen llevan o señalan libros. Todos ellos con túnicas y mantos con capuchas. Todo ello llevó a pensar en el tema de Santiago peregrino, en el de Cristo predicando, o en una reunión monacal en torno a su abad.

Fachada Norte

Sobre las acodilladas columnas laterales, y una ornamental línea de imposta decorada con puntas de diamante, las molduras lisas

de las arquivoltas enmarcan un curioso tímpano con sintética y expresiva representación del martirio de Santa Catalina de Alejandría: el magistrado Magencio a la izquierda intentando que preste sacrificio a las divinidades protectoras del Imperio romano, detrás un diablillo instigándole al mal, la mártir en el centro afirmando su fe cristiana, las cuatro ruedas con cuchillos que iban a mutilar su cuerpo, el ángel que descendió desde el cielo para reconfortarla, la flor de lis o lirio a la derecha simbolizando la pureza de la santa. Puede datarse el conjunto del s. XIII.

Interior

Tal como podemos verla hoy tiene planta basilical de tres naves y un ábside semicircular precedido por el espacio rectangular del presbiterio cubierto con bóveda sexpartita. A la iglesia que se supone existió anteriormente, que tendría una nave, cubierta de madera y sería de menores proporciones, pertenece el ábside actual, lo más antiguo del templo y que posee una orientación discordante con la del conjunto levantada entre los siglos XIII y XIV.

Se cubre con bóveda de cañón (en una inscripción en el primer pilar del evangelio el mecenas hace donación a la iglesia de los arcos que de él arrancan y nos da la fecha que corresponde a 1302; otra inscripción en la bóveda indica que se da por terminada en 1317) sobre arcos fajones (o de refuerzo), ambos ligeramente apuntados, y queda dividida en cinco tramos por los cuatro pares de pilastras cruciformes. El equilibrio o contrarresto de esta bóveda planteó problemas (puede observarse cómo las pilastras que separan las naves están algo inclinadas) que obligó a distintas reformas, la última sobre los años 50 de este siglo además de reno-

Interior de la Colegiata.

var el pavimento del templo, recalzaron y colocaron los arcos escarzanos en las naves laterales. Diferentes inscripciones en los pilares de las pilastras como la tercera del lado de la epístola y del evangelio, hacen referencias a donaciones y obras sufragadas por sus mecenas.

Iniciaremos un recorrido sucinto desde la entrada indicando brevemente lo más importante. A la derecha la capilla de San José con una serie de tallas policromadas de apreciable valor. A continuación el *baptisterio*: pila, un sepulcro, escudo de armas y los listones pétreos de una *credencia* o especie de armario que aparecían situados próximos al altar mayor para guardar los objetos litúrgicos. Suelen estar profusamente trabajados como éste que ha sido recolocado en esta pared y que representa los símbolos de los cuatro evangelistas, el león, águila, toro y ángel, cada uno entre dos ángeles.

Enfrente la capilla de San Pedro, con una Magdalena penitente atribuida o de la escuela de Pedro de Mena, una Inmaculada de buena factura y una soberbia muestra de orfebrería que es la arqueta de plata y el viril, regalados por Mariana de Neoburgo esposa de Carlos II, que llegó a La Coruña en 1790. Sigue la escalera de acceso al Coro y dependencias capitulares (salón, biblioteca y archivo). Todo este conjunto pertenece a las obras de ampliación iniciadas en 1879. Los materiales y otro espíritu nos introducen en la parte primitiva del templo. El arcángel S. Gabriel a la derecha, la Virgen a la izquierda recrean el tema de la Anunciación. Ambas figuras estarían adosadas a los fustes de las columnas de la fachada principal. De época gótica a mediados del s. XIV y policromadas, fueron retiradas durante las obras de ampliación, depositadas en la capilla de San José hasta 1931 y posteriormente recolocadas en su actual emplazamiento. Delicadeza, gracia en sus rostros, elegancia en el cuerpo de María, y devoción en el saludo del ángel anunciador, que aún conserva restos de su policromía.

En el muro del evangelio, podremos ver una lauda antropomorfa, luego bajo arcos apuntados los dos sepulcros de finales del s. XIV de Fernán Moula y su esposa Sancha Martínez, benefactora de la Colegiata que obtuvieron el premio del eterno descanso entre estas piedras silenciosas y santas. Siguen otras. El más interesante es el que se abrió en el muro norte del presbiterio. Bajo un ornamentado arco carpanel a modo de dosel con su intradós decorado con prismas truncados, enmarcado por balaustres, se abre el sepulcro de D. Fernando Bermúdez de Castro enterrado en 1515; el relieve sobre la lápida lo representa como dormido, en paz; a sus pies un perro vigila su sueño e indica los gustos cinegéticos de su dueño; los ángeles (actualmente situados en la pared opuesta) oran por su salvación de este poderoso noble urbano que sufragó reformas del templo y otorgó donativos para mantenimiento de cultos.

Detrás la pequeña y barroca *Capilla de la Virgen de la Estrella*, abierta a mediados del s. XVII a expensas de un alto miembro de la Real Audiencia, que fue enterrado a la derecha de la misma. A principios del siglo siguiente se construirá el camarín del fondo: un templete cubierto con cúpula de perfecta sillería, perforando el muro de la Colegiata para integrarlo con el retablo de la capilla. Su elegante aunque sobrio estilo barroco puede apreciarse claramente desde el exterior de la iglesia.

En el ábside el altar mayor, obra de finales del s. XVIII y de recargado repuje de su plata que forma el frontal y las cuatro gradas, pero que apunta una nueva sensibilidad neoclásica en su tabernáculo en consonancia con los cambios estilísticos del momento.

El espacio opuesto lo forman la sacristía y la torre. Próximo, abierto en el muro de la epístola el sepulcro del caballero D. Juan de Andeiro y su mujer rodeado por sus escudos familiares.

Coro. En un principio ocupaba los tramos finales de las naves. En 1737 se sustituyó la sillería. Con la ampliación del templo a finales del s. XIX, el coro se trasladó a su actual emplazamiento en la planta superior. Allí podemos admirar el barroquismo ornamental que decoran sus sillones distribuidos en forma de C en dos alturas.

He aquí una iglesia que no cejó en su obra de renovación, de cambios acertados o ampliaciones desafortunadas, que nos han legado el templo actual y que hoy hilvana en sus sonidos el culto y la oración con el detalle artístico y los conciertos musicales y poli-

fónicos; el tiempo cubrió de páti-
na sus piedras, la historia lo hizo
brillar como verdadera y recogida
joya de esta ciudad.

Crucero. Delante del atrio se
desarrolla una asimétrica plazuela a la que se llega por unos escalones, estamos en la zona más elevada de la Ciudad Vieja o Alta,
posiblemente un antiguo castro
romanizado posteriormente, luego baluarte medieval y en los
tiempos modernos. Estos antiguos espacios serían centros de
cultos paganos, que la expansión
del Catolicismo intentó readap-
tar, erigiendo ermitas, cruceros,
cristianizando el lugar. El actual
crucero se yergue estilizado sobre
pedestal escalonado, perteneciendo estilísticamente al gótico final,
finales del s. XV.

Nos muestra un Calvario al
frente y la Virgen con el Niño en
el brazo, al dorso. Temas icono-
gráficos de fuerte raigambre popular en su tratamiento humani-
zado y próximo. Un banco para
el descanso curioso del entorno
pétreo.

Museo de la Colegiata. El Salvador.

El Museo de Arte Sacro de la Colegiata

En 1985 comenzó a construir-
se, próximo al templo en la calle
de Puerta de Aires, el «Museo de
Arte Sacro de la Colegiata de
Santa María». Un original edificio de hormigón y vidrio que intenta mantener el conjunto tradicional del entorno urbanístico sin
dejar de indicar su carácter y de
señalar su función específica,
obra del arquitecto M. Gallego
Jorreto, para custodiar y exhibir
las colecciones de objetos y juegos
litúrgicos y de donaciones reales
que anteriormente se encontraban en las dependencias de la
iglesia-colegiata. Destacan las ar-
quetas y los viriles (custodias) de
oro y plata, donaciones de la esposa de Carlos II, Mariana de

Neoburgo y de otras proceden-
cias, como también distintos exvotos, tallas de marfil, tablas y
cobres pintados, etc. Curioso y
pequeño museo que guarda la fe
de siglos en el silencio humilde de
sus objetos litúrgicos.

Puerta de Aires

Siguiendo la pequeña calle de
su nombre llegaremos a la Puerta
de Aires, que para unos debe su
designación a los fuertes vientos
que soplan sobre ella; según otros
por la proximidad que tuvo en la
Baja Edad Media el palacio del
poderoso noble Ares Pardo das
Mariñas, por lo que su auténtico
nombre hubiera sido el de Puerta
de Ares. En ella se desarrolló la
gesta atribuida a María Pita du-

rante la defensa de la ciudad asediada en 1589 por las fuerzas inglesas de Drake, como represalia por haber salido de esta ciudad el 22 de julio de 1588 la llamada *Escuadra Invencible* contra Inglaterra, era también un golpe de efecto internacional contra el poder hegemónico que el rey español Felipe II intentaba instaurar en Europa. Por ello el importante efectivo militar: unos 160 barcos, de ellos 40 de gran volumen y un contingente de 17000 soldados de infantería al mando del general Sir John Morreys. Se minó el cubo o torre sobre esta puerta y tras su explosión se produjo el último gran asalto del enemigo. Ante el agotamiento de los defensores, la heroína al frente de otras mujeres se dirigieron a primera fila y armada con una pica, lucha y da muerte a un jefe inglés apoderándose de la bandera, hecho que enardece a los coruñeses y precipita la fuga desordenada de los atacantes. Era Mayor Fernández de Cámara Pita, tendría 25 años en este 14 de mayo que unió en esta puerta, su nombre a esa gesta.

Por la calle Herrerías, antigua rúa donde se concentraba el gremio de los herreros, que seguirían las antiguas murallas urbanas (en

Museo Arqueológico. Escudo procedente de la Puerta de Aires, al fondo.

el número 24 una lápida nos recuerda una de las casas donde vivió María Pita), o bien por la calle Puerta de Aires o la de Santa María (en donde una placa nos recuerda la casa donde nació en 1869 el ilustre filólogo e historiador, don Ramón Menéndez Pidal), atravesando las de Sinanoga y Cortaduría (rúa antigua de los carniceros) recreando un ambiente histórico entre sus estrechas y gremiales paredes, llegaremos a la plazuela de las Bárbaras.

Puerta de Aires, al fondo.

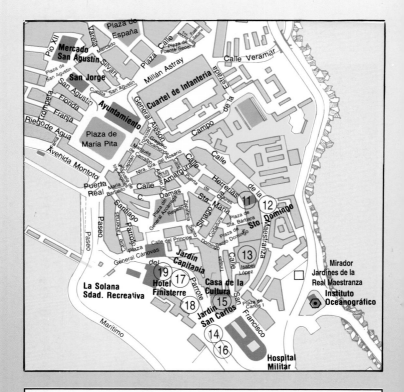

RUTA DE LA CIUDAD VIEJA

ZONA 2: LAS BÁRBARAS • PUERTA DEL PARROTE

PUNTOS A VISITAR

11. Plazuela y convento de las Bárbaras.
Recoleto y bello espacio.
Relieves medievales.
12. Convento e iglesia de St. Domingo.
Templo barroco. Interesante capilla del Rosario, churrigueresca.
13. Antigua Ceca Medieval
Reformada s. XVII. Hoy es cuartel.
14. Jardines de San Carlos.
Bello espacio romántico.

15. Tumba de Sir John Moore
16. Mirador de S. Carlos
Buena panorámica sobre la bahía.
17. Garita artillera del Parrote.
2º perímetro de fortificaciones de la ciudad.
18. Murallas del Parrote
Corresponden a la fortaleza medieval del castillo de S. Carlos.
19. Puerta del Parrote

INICIO	Plazuela de las Bárbaras
APARCAR	

SERVICIOS EN LAS INMEDIACIONES

Bares y pub: c/ S. Francisco
Comestibles: c/ Tinajas
Hotel Finisterre: c/ Paseo del Parrote
Cafeterías: c/ Parrote

SALIDA A LA PRÓXIMA ZONA	Continuación del paseo del Parrote hacia el castillo de San Antón.

Vista desde San Carlos.

RUTA 2:
LA CIUDAD VIEJA

ZONA 2:
LAS BÁRBARAS ·
PUERTA DEL PARROTE.

Plazuela y convento
de las Bárbaras

Situado en la plazuela que lleva su nombre, se construyó sobre una capilla dedicada a Santa Bárbara, a finales del siglo XV. En la actualidad es Convento de clausura de las madres Clarisas. Tuvo varias reformas, una parte del edificio es de 1613 y el resto de 1786. No tiene un gran valor ar-

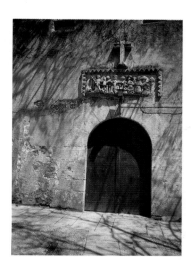

Plazuela de las Bárbaras y relieve del convento de Clarisas.

tístico. Su interés radica en el relieve medieval empotrado sobre el arco de la puerta que da acceso a un pequeño patio antes de la entrada de la iglesia. Posiblemente halla sido originariamente una lauda o cubierta de sepulcro, la piedad franciscana, el tema del peregrino, el Cristo redentor en su cruz y el juicio de los muertos están entre sus principales símbolos y figuras. Sobre él una cruz con la fecha de una restauración, la de 1613. La plazuela, tranquila y recoleta es uno de los espacios entrañables y bellos de esta ciudad.

Iglesia conventual
de Santo Domingo

Está documentada su existencia en el siglo XIII, ubicada donde se encuentra el actual cuartel de

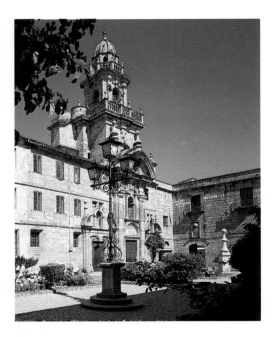

*Fachada del
convento de Santo
Domingo.*

Alfonso XII, exterior a las murallas que cerraban la Ciudad Vieja. Incendiado y prácticamente
destruido durante el asalto inglés
de 1589, se inició a principios del
siguiente siglo su reconstrucción,
pero esta vez dentro de las murallas, las obras tuvieron interrup-
ciones terminándose en pleno siglo XVIII. La iglesia barroca tiene
planta de cruz latina y aún conserva algunos arcos de su pasado
ojival. Muy interesante es la capilla del Rosario, en la parte derecha del crucero, con retablo churrigueresco de 1688 que está presidido por la imagen de la Virgen
del Rosario, Patrona de La Coruña y obra del gran escultor Mateo
de Prado. La ciudad se halla ligada a ella por la «Función del voto,
o del Drake», en agradecimiento
por el triunfo sobre los ingleses
cada 19 de mayo. La fachada barroca se decora con hornacinas.
Desde la torre realizada por Alberto Ricoy, oblicua respecto al
eje del templo, se divisa una bue-

na panorámica de la ciudad. Fachada de ritmos ascendentes y
potente frontón curvo volado.

Formando «ele» se asoma la fachada del Cuartel de Intendencia, que fue la ceca o *Casa* de la
Moneda, fundada por el rey sabio
Alfonso X en la segunda mitad
del s. XIII. Reestructurada en el
s. XVII se convirtió después en la
actual instalación militar que se
adosa a la iglesia de Santo Domingo. Más adelante se situaría
la antigua puerta medieval de
San Francisco, la de salida hacia
el convento franciscano, hoy desaparecido, y sobre cuyos terrenos
se construyó el actual Hospital
Militar.

Jardines de San Carlos.
Tumba de Sir John Moore

Por la calle de Tinajas, o también por la de San Francisco, o
por el paseo del Parrote, llegamos
a uno de los antiguos baluartes de

la ciudad. Castillo de seis cubos, fue construido en el siglo XIV, exterior a las murallas. Una primera modificación se produce en el siglo XVI, al quedar soldado a la ciudad. Parte de la piedra de los torreones suprimidos serán trasladados a la isla de San Antón para la construcción de su castillo, que relevará al de San Carlos.

Las instalaciones militares, que ocupaban gran parte del solar de la actual Casa de la Cultura (en la que se ubica el Archivo Histórico del Reino de Galicia), fueron gravemente dañadas a consecuencia de la explosión de su polvorín en 1651, languideciendo su existencia hasta que en el siglo XVIII se transformó en los Jardi-

Convento de Santo Domingo, capilla del Rosario.

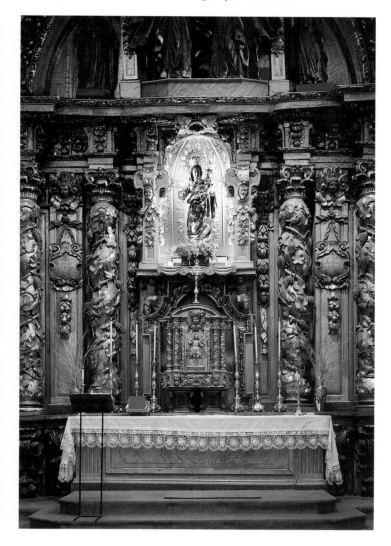

Jardines de San Carlos. Tumba de Sir John Moore.

nes de San Carlos. La última ampliación y remodelación se realiza en 1834. En la puerta de entrada se conserva el escudo de armas de D. Carlos, Capitán General de Galicia a quien se debe su transformación. Actualmente declarado Conjunto Histórico-Artístico.

En los Jardines de San Carlos, en ese Memorial heroico, añoranza de glorias pasadas, encontramos hoy esa paz en medio del verdor de árboles curiosos y antiguos y la luz de la bahía que lo transforman en el ambiente más bellamente romántico de la ciudad. En medio del jardín circular, el mariscal francés Soult mandó construir la tumba en la que fue enterrado Sir John Moore, Jefe del ejército británico herido de muerte en la *batalla de Elviña*. El proyecto del enrejado del mausoleo es de 1864 y se debe a Juan de Ciórraga. Próxima a la entrada una lápida sobre la pared reproduce la proclama del Comandante en Jefe británico. Duque de Wellington, después de la victoria de S. Marcial «...imita a los ini-

mitables gallegos...». En la zona del mirador, dos lápidas con fragmentos de los versos del poeta inglés Ch. Wolfe. Se colocaron estas lápidas el 14 de julio de 1927 «para enseñanza de la posteridad». dice una tercera. Entre el pasado y el futuro, permanece la belleza del lugar y del momento.

Iglesia y convento de San Francisco

El antiguo convento franciscano, situado en la Ciudad Vieja, se encontraba fuera de las murallas, al que se llegaba por la llamada Puerta de San Francisco, y se extendía por parte de los terrenos que hoy ocupa el Hospital Militar y el Cuartel de Artillería, frente a los Jardines de San Carlos.

Se construyó en la segunda mitad del s. XIII, en que varios documentos citan la presencia de los frailes o hermanos menores en La Coruña. Regios personajes residieron algún tiempo entre sus muros, Alfonso XI en 1345, tras su peregrinación jacobea a Santiago; Carlos I en 1520 cuando reunió las Cortes de Castilla en esta ciudad para obtener subsidios para su coronación imperial a Alemania. Poco después lo visita Juan Sebastián Elcano, quien hace un donativo para sufragar las misas que se digan a la Concepción hasta su regreso a España. También se alojó en 1554 Felipe II cuando todavía era príncipe heredero para tratar con los embajadores ingleses el futuro matrimonio con su prima la reina María Tudor.

Por estar fuera de las murallas sufrió duramente el ataque de la Armada inglesa al mando de Drake en 1589, que inútilmente aunque con gran heroísmo intentaron evitar los frailes franciscanos. El gobernador de la ciudad, Marqués de Cerralbo, ante el temor a que los ingleses trasladasen a él su artillería, lo mandó incendiar. En 1651 otro incendio, a causa de la explosión de un almacén de pólvora situado en el Fuerte de San Carlos, originó el derrumbe de parte de su fachada y techumbre. En parte fue reedificado ya que durante la Guerra de la Independencia sirvió para el acuartelamiento de las tropas inglesas, en este caso aliadas con la ciudad, al mando de Sir John Moore. Hoy del convento sólo se conserva una pequeña parte de la fachada, en la que se abren dos grandes arcos rebajados. El resto (salas, claustro, etc.) desaparecieron, algunas estancias fueron reconstruidas para la ubicación del Cuartel de Artillería. Su torre de campanas, de principios del s. XVII, pertenece hoy a la inmediata iglesia de la Tercera Orden. Los restos de la iglesia conventual fueron trasladados en 1964 a la zona de Santa Margarita. En su apartado correspondiente se tratará de ella.

Iglesia de la Venerable Orden Tercera

Situada en la plaza de Carlos I, frente a la puerta del Jardín de

Ábsides de San Francisco.

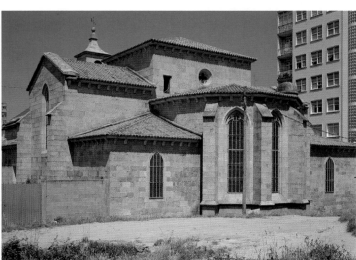

Iglesia de la Venerable Orden Tercera.

San Carlos, fue construida a mediados del s. XVIII adosada al convento franciscano, hoy desaparecido. La Torre de campanas pertenecía a la antigua iglesia conventual. Artísticamente sólo son interesantes los tres retablos de estilo barroco. El central de mayores dimensiones, presenta gran dinamismo y profusa ornamentación churrigueresca.

Bajando hacia el paseo del Parrote veremos la línea del segundo perímetro de fortificaciones que tenía esta zona urbana.

Cañones del paseo del Parrote

Entre las antiguas murallas urbanas y la línea de costa rocosa que cobijaba pequeños arenales o playas como la del Parrote, se levantaban unos paredones o trincheras defendidos a intervalos por cañones para evitar posibles desembarcos y proteger las puertas que desde los embarcaderos permitían los accesos al interior. En esta zona del Parrote existió uno de ellos, tres puertas de las que hablaremos en la siguiente página y parapetos de defensa artillera. Aquí frente al cubo de San Carlos, podemos observar uno de ellos restaurado recientemente. Sus cañones apuntan hacia la bahía coruñesa protegiendo la entrada a su puerto, gran eje comercial y económico de la ciudad pero también el punto más débil de sus defensas militares. Estas fortificaciones fueron operativas en el ataque de Drake en 1589, o con los franceses en 1639, y evitaron que se materializasen las amenazas en 1719 o de 1726 de nuevas intentonas inglesas.

Murallas del paseo del Parrote

El castillo de San Carlos fue la fortaleza medieval que protegía la Ciudad Vieja y la entrada de la bahía. Originariamente se encontraba separado de las murallas de la ciudad. El crecimiento urbano y la ampliación de éstas lo englobó en el nuevo recinto, sus primitivos seis cubos se redujeron a tres. Posteriormente se construiría el castillo de San Antón, languideciendo hasta ser transfor-

Cañones del paseo del Parrote.

mado en los Jardines del mismo nombre, en mirador de amplia panorámica sobre la bahía, tumba del general J. Moore, y sede del actual Archivo Histórico del Reino de Galicia desde 1955. La parte conservada de las murallas, datan del siglo XIV y pueden observarse en el paseo del Parrote, donde la portada románica (procedente de la antigua capilla de San Andrés al ser reconstruida en 1881), hasta el cubo del jardín de San Carlos, donde se advierte el cambio de empedrado y la diferente calidad de los renacentistas que obras y restauraciones posteriores mantuvieron en parte su recuerdo estilístico.

Puerta del Parrote

Una de las tres Puertas del Mar que se conservan en las murallas marítimas (las otras que están próximas son la de San Miguel y la del Clavo), fue construida por orden del conde de Aranda en 1676. Unas escaleras permiten el descenso. Realizada en buena sillería de piedra, tiene inscripciones en su arquitrabe y tres afiligranados escudos de armas bajo doseles coronados rematándose con una cruz sobre la cornisa. En buen estado gracias a la reciente restauración, permite actualmente el acceso entre el Paseo del Parrote y su relleno sobre la desaparecida playa del Parrote, espacio que hoy ocupa la sociedad Recreativa La Solana.

Si seguimos el paseo del Parrote hacia el castillo de San Antón, podremos observar la curiosa y olvidada, puerta de San Miguel.

Puerta de San Miguel

Próxima a la primitiva de este nombre, se encuentra en el muro lateral del Hospital Militar, frente al castillo de San Antón.

Fue construida en 1595, en sillería de piedra. Tiene tres escudos en la parte superior del dintel. El del centro ostenta en su exterior el collar de la Orden del Toisón de Oro (orden originaria de Borgoña de la cual los Reyes de España eran «Grandes Maestros»). En la primitiva existían unas escaleras talladas sobre la misma roca que comunicaba con un pequeño embarcadero.

En 1365 las utilizaba para ir en pos de ayuda Pedro I de Castilla. Por allí entró en la ciudad, Fernando I de Portugal, como pretendiente de la herencia de Pedro I, y en 1385 las subían los ingleses de Juan de Gante, duque de Lancaster como nuevo pretendiente para preparar desde la plataforma gallega la invasión de Castilla. Las bajaba, en fin, en 1519, Carlos I tras las apuradas Cortes de La Coruña, camino hacia Alemania para ser nombrado Emperador, y Felipe II en su viaje a Inglaterra para desposarse con su reina María. Humildes e ilustres rocas las de aquellos escalones tan gastados que fueron soslayados por la nueva Puerta.

Era también la salida hacia la barca que comunicaba con el castillo de San Antón. Por allí penetró J. Díaz Porlier el día de su ejecución en la plaza de la Leña (hoy plaza de España).

Muralla del Parrote y puerta de San Miguel.

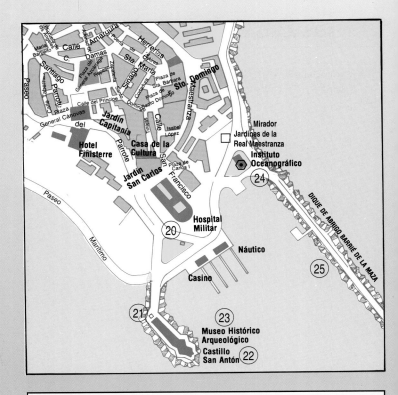

RUTA DE LA CIUDAD VIEJA

ZONA 3: CASTILLO DE SAN ANTÓN.

PUNTOS A VISITAR

20. Puerta de S. Miguel
Puerta del mar del recinto medieval y moderno.
21. Casa del Botero
Lugar de donde salía la barca que unía el castillo con la ciudad.
22. Castillo de S. Antón.
Fortaleza de la ciudad del s. XVI. De aquí partirá la que se denominó «Escuadra Invencible» contra Inglaterra en 1588.

23. Museo Arqueológico e Histórico Provincial.
Fondos importantes. Visita agradable y muy interesante.
24. Instituto de Oceanografía
Se realizan investigaciones biológico-marinas.
25. Dique de abrigo «Barrié de la Maza».
Vistas panorámicas. Paseo original, cafetería en forma de puente de mando de un barco.

INICIO	Paseo del Parrote
APARCAR	Alrededores del castillo

SERVICIOS EN LAS INMEDIACIONES

Hotel Finisterre:
Café y «Recuerdos» en casa del Botero
Cafetería «Barrié de la Maza».
Cruz Roja

Paseo del Parrote.
(a la entrada del castillo)
En el Dique de Abrigo.
Próxima al Instituto
Oceanográfico.

SALIDA A LA PRÓXIMA ZONA	Castillo de S. Carlos y calle de la Maestranza.

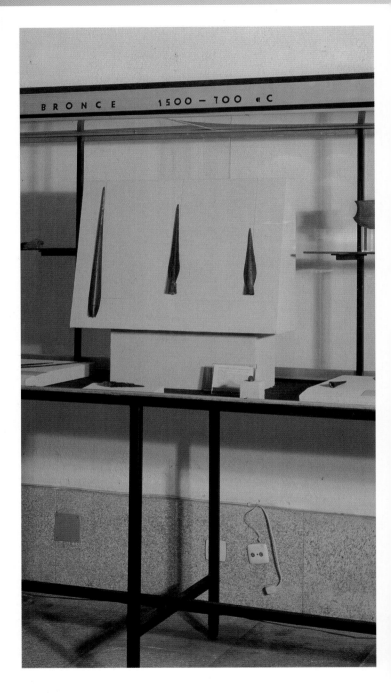

Museo Arqueológico. Vitrina de la Edad del Bronce.

RUTA 2:
LA CIUDAD VIEJA.

ZONA 3:
CASTILLO DE SAN ANTÓN

El castillo de San Antón

Curiosa historia la de esas rocas que se hicieron islote, que fue un lazareto que hasta el siglo XV recogía a los marineros enfermos del «Fuego de San Antón», que se transformó luego en baluarte y castillo del puerto, en cárcel después, para ser hoy dinámico Museo Arqueológico Provincial, centro de estudios y de divulgación y uno de los principales espacios urbanos de atracción turística.

La historia de la fortaleza

Cuando Carlos I se reúne con las Cortes en La Coruña (abril, 1520) poco antes de embarcarse para Flandes, camino hacia Alemania en la que había sido elegido Emperador (Carlos V), se le informa y observa las deficientes fortificaciones que poseía la ciudad. Se esboza un plan para construir tres baluartes defensivos, uno de los cuales sería el castillo de San Antón. Pero dificultades y el coste del proyecto aplazan su realización. El traslado de piedra procedente en parte de la demolición de la muralla y escalera de la Torre de Hércules, y de la antigua fortaleza de San Carlos existentes en el solar que hoy ocupa la Casa de la Cultura, había empezado en 1587.

El ataque y desembarco de los ingleses de Drake en La Coruña en 1589, demostró entre otras cosas el deficiente sistema defensivo de la ciudad y sirvió de estímulo para acelerar los proyectos y obras iniciadas. Felipe II envía a su ingeniero-arquitecto militar, T. Spanochi que colaborará con P. Rodríguez Muñiz. Se construyeron las casamatas para aposentos de la guarnición, adosadas a los muros del patio de armas; la casa del castellano o gobernador; parapetos de los artilleros para los quince cañones de bronce y se ensancha la cisterna del agua. La plataforma superior en forma de estrella responde a la estrategia de fortificación de los modelos renacentistas. En 1598 se finalizan las obras, que no convencieron a los expertos (accesos de gran debilidad, espacios sin amurallar...) por lo que reinando Felipe IV y en plena guerra de los Treinta Años se inician las primeras reformas y reparaciones.

Finalmente, A. López Sopeña entre 1776-1779, llevará a cabo las últimas reformas dándole el estado exterior que actualmente presenta. Rampa de acceso a la explanada superior, en la que levantó el edificio abovedado para la nueva Casa del Gobernador, la capilla y habitaciones de su capellán, por lo que toda la planta inferior quedaba como cuartel de la guarnición. Desarrolló también una original canalización que permitía captar las aguas de lluvia de la cubierta del edificio y conducirlas hasta la cisterna-aljibe interior. Casa del botero, etc. Medio siglo después la evolución de la estrategia militar y los avances técnicos de la artillería hicieron obsoletas las defensas del castillo.

Cárcel Ilustre

Primero su polvorín se utilizó como celda y luego el conjunto de la fortaleza se transformará en prisión política y militar (finales del siglo XVIII hasta mediados del siglo XX). Por sus celdas pasaron célebres ilustrados, políticos y militares liberales. D. Melchor de Macanaz (Secretario de Felipe V, Fiscal General y diplomático, encarcelado hasta 1760, años que aprovechó para escribir algunas de sus más importantes obras); D. Antonio de Villarroel (General de Felipe V en la guerra de Sucesión, se pasó al bando del archiduque Carlos, siendo el héroe de la defensa de Barcelona en los últimos años de la guerra. Permaneció en San Antón cinco años); D. Juan Díaz Porlier (antiguo guerrillero, héroe de la guerra de la Independencia, Capitán General y Presidente de la Junta de Galicia, jefe de la conspiración liberal contra Fernando VII en La Coruña en septiembre de 1815, preso en San Antón, ahorcado el 3 de octubre a sus 27 años). Tras la guerra Civil a finales de la década de los cuarenta, prácticamente no se utiliza. En 1944 es declarado Monumento Histórico-Artístico. A petición del Ayuntamiento coruñés, se produce la cesión (1960) por parte del Ministerio del Ejército, el relleno que lo une a tierra y su transformación con las últimas obras de remodelación, en museo.

El Museo

El 8 de octubre de 1968 se inaugura oficialmente el Museo Arqueológico e Histórico Provincial. Entre sus fondos, en constante incremento, se encuentra en primer lugar el propio castillo, dependencias, puertos, murallas, capilla, mobiliario y pinturas. Sus fondos muestran en conjunto una panorámica que va desde los remotos tiempos paleolíticos hasta nuestra época. El núcleo inicial se formó con los objetos arqueológicos que se encontraban en el Museo de Bellas Artes, luego llegaron las donaciones particulares y oficiales, los depósitos y los múltiples restos de las excavaciones que se han y vienen realizando. El itinerario a seguir está marcado en sus estancias, por lo que indicaremos someramente piezas y objetos de mayor relieve artístico e histórico.

Exterior a las puertas una edificación restaurada era la antigua *Casa del Botero*, de donde salía o llegaba la lancha que comunicaba el fuerte con la ciudad.

En la *planta baja*, las dos primeras habitaciones a derecha e izquierda eran las antiguas santabárbaras, allí se guardaba la munición, por ello se excavaron en la misma roca para su mayor protección. En la primera de la derecha se encarceló a Juan Díaz Porlier, hoy se exhiben documentos personales del mismo y colecciones de llaves de las antiguas dependencias.

Una serie de casamatas rodean los flancos del patio, eran los depósitos y almacenes, luego las celdas de los prisioneros, hoy expositores de restos escultóricos de la época medieval (ss. XIII-XV) que muestran la pericia y las técnicas de los «arxinas» o canteros, cerámicas y potes populares. En los restos de un pórtico del monasterio de Monfero, a la derecha, veremos los curiosos angelitos músicos, el del centro con una gaita, uno de los símbolos populares de Galicia. A la izquierda piezas heráldicas, entre ellas un escudo de la ciudad, proceden de la Puerta de la Torre de Arriba de 1590 y el más antiguo de los conocidos, con una curiosa representación de la Torre de Hércules y su rampa helicoidal.

Interior del edificio de la planta baja. Antiguamente lo ocupaban los aposentos y servicios de la guarnición del castillo. Actualmente es expositor de la sección de arqueología. Colecciones de orfebrería protohistórica en la pequeña sala, entrando a la derecha, se exhiben algunas de las piezas de mayor valor: el casco o vaso ritual (llevaría entonces un soporte) encontrado en la playa de Leiro (Rianxo) (del s. VIII a. de c. es decir al final de la Edad del Bronce). Diversas joyas de un tesoro hallado entre las piedras del Castro de Elviña, que demuestra un buen avance en la técnica de la orfebrería y en las habilidades de sus creadores. Torques de ornamentación afiligranada. En otra vitrina una serie de utensilios como cuencos de filtro y sedimentación para la búsqueda de pepitas auríferas en los ríos gallegos. Fotografía de las Médulas y Montefurado, comple-

históricos de Galicia desde una óptica preferentemente provincial, aparecen programados en forma retrospectiva, desde los visigodos hacia atrás. Estelas funerarias, interesante la de Primiano encontrada en Oza de los Ríos del s. IV d. de C., aras y lápidas. Sepulturas y urnas funerarias. Ánforas encontradas en operaciones de dragado en el fondo de la bahía coruñesa. Una curiosa pla-

jos mineros de la época romana. En las Médulas llegaron a trabajar más de 50000 esclavos en sus galerías, lo que nos da una idea de su importancia y magnitud.

En las salas de la izquierda, podemos observar el Cuadrifaz, hallado en Pontedeume, especie de divinidad galaica protectora de viajeros en las bifurcaciones de los caminos, quizá los cruceros fueron un intento de cristianizar e integrar la popularidad de este antiguo culto pagano. Diferentes piezas que provienen de las necrópolis africanas de Nubia, donadas por Egipto, como agradecimiento a la ayuda de la misión española en 1960, a consecuencia de la construcción de la gigantesca Presa de Assuam. Hay también, procedentes de donaciones, piezas como hachas y puntas de flecha pertenecientes al período paleolítico del Sahara (sobre unos 25000 años a. de C.) Luego, los expositores en los que pasamos revista a los primeros tiempos

Diadema, collar y gargantilla del castro de Elviña.

Torques de Xanceda.

Cuadrifaz.

ca metálica nos da idea de un acuerdo político e internacional en aquellos momentos, de pacificación entre pueblos indígenas del noroeste y la República romana, es la llamada *Tessera hospitalis*, o placa de hospitalidad. Siguiendo a través de este mundo de historia detenida, en una sala rectangular a la izquierda, veremos la antigua cocina del castillo, chimenea y algunos de sus utensilios, también una colección de cerámicas tradicionales. En el centro de la sala el monolito de Paderne, ídolo-exaltación de la vitalidad primigenia, de la fecundidad humana, de la necesidad de hijos de aquellas gentes castreñas para asegurar su futuro juntamente con su estirpe. Llegamos, después, a la sección dedicada a la «Cultura de los Castros» que abarca desde el s. VI a. de C. hasta la época de la romanización: mapas, objetos, formas de vida, fotografías y croquis de las grandes excavaciones, sus restos principales en piedra, hueso, cerámica o metal.

A veces en el pasillo, otras en la rampa, podemos observar la llamada *A Dorna*, una embarcación fabricada con mimbre recubierto de cuero, por un grupo de estudiosos de la Universidad de Santiago en 1974, según datos recogidos en textos antiguos, con el objetivo de recrear lo que pudiera ser una embarcación castreña de la Edad del Hierro. La idea de un viaje en ella hasta las islas Británicas se redujo luego a un paseo de cabotaje.

Rampa de acceso

No tiene escaleras para facilitar el transporte de los cañones hacia las almenas cuando acechaba el peligro extranjero. A la izquierda la cisterna del castillo excavada en la roca viva que se autoabastecía por una conducción que recogía el agua de lluvia desde la te-

rraza del edificio. Si quiere pedir un deseo, piénselo, no lo diga, arroje una moneda al aljibe y habrá repetido una antigua tradición. Suerte.

Patio Superior

Almenas y garitas, con buena vista panorámica nos hablan de su función de fortín y baluarte. Con otros repartidos estratégicamente por la bahía (San Diego, Santa Cruz...) protegían la ría, el puerto, la zona vital pero más indefensa de la ciudad. Sobre el césped del patio petroglifos y piedras funerarias.

Terraza

En la esquina derecha del edificio central una pequeña escalera de caracol del s. XVIII nos conducirá a ella. Atractiva visión de La Coruña, que es tierra humanizada en el mar. Al lado de las chimeneas interesante mural cerámico realizado por F. Pérez Porto en 1987, una especie de plasmación histórico-geográfica según la rosa de los vientos: al norte la Torre de Hércules; al oeste el lugar donde se desarrolló la *batalla de Elviña* e hirieron mortalmente a su general inglés J. Moore; al sur el recuerdo de una antigua tradición, el caballo de Almanzor se asustó al ver el mar; al este la isla de A Marola y la veta blanca de cuarzo del cabo del Seixo Blanco y personajes de las viejas leyendas de esta ciudad. El artista firmó también con la estampación de su mano.

Casa del Gobernador y Capilla

Es la edificación mas moderna del castillo, levantada en el s. XVIII comprende la casa del Gobernador, la Capilla y la vivienda del Capellán. La capilla en el centro con un portalón que abierto da al patio bajo, para que los presos pudieran asistir a los

Patio interior del Castillo.

oficios litúrgicos. De estilo neoclásico con interesantes tallas, te-
las, objetos y murales, el de San
Antón patrón de los animales y el
de la Virgen del Rosario, Patrona
de la ciudad y de los presos liberales que por sus ideas estuvieron
en los calabozos de este castillo.

Muebles, bargueños e imágenes, ambientan la sacristía. La
sala dedicada a «Viajes Marítimos» es una muestra ecléctica y
variopinta de objetos marinos y
transmarinos, originarios de antiguas colonias. En otro estrecho
aposento, recuerdos de la *batalla*

Mural en la terraza de la casa del Gobernador.

Instituto Oceanográfico.

de Elviña de 1809 y, como no, un *graffiti* que un soldado francés, cansado de su guardia nos dejó grabado en la madera de una puerta.

El salón de la casa del Gobernador recrea un ambiente de época, un interior compostelano del s. XVIII, muebles con guirnaldas, medallones, cuadros, mesas, sillas de cuero repujado del s. XVII, colecciones de ruecas y husos. La última sala a la izquierda, exhibe planos, fotografías y documentos de épocas contemporáneas de la ciudad. En fin, una apretada exposición histórica en un atrayente marco artístico, grata de ver, útil para estudiar y necesaria para la comprensión de nuestro pasado. De visita inexcusable.

Edificio del Instituto Español de Oceanografía

Situado en el arranque del llamado muelle de Ánimas, por los fuertes temporales de mar abierto que allí se sucedían. Construido a comienzos de los años 70 como sede de un laboratorio oceanográfico e instalaciones anejas, a las que en los últimos años se han añadido nuevas funciones de investigación biológicas, vigilancia y análisis de cultivos de moluscos y de contaminación marina.

Dique de abrigo
«Barrié de la Maza»

La necesidad de protección del puerto hizo acometer en estos años las obras de este gran dique cuyos cimientos de grandes piedras actúan como rompeolas y el alto muro de contención protege de vientos convirtiendo a estos 1300 m de dique en un amplio mirador sobre la bahía coruñesa y su cornisa urbana. Lugar de paseo y descanso en la cafetería abierta al público en una planta del aula de prácticas, dependiente de la Escuela de Náutica, también de saludables ejercicios deportivos.

En un próximo futuro el Paseo Marítimo unirá este lugar con la Dársena y la zona de la Torre de Hércules, conectando desde aquí con la Ensenada del Orzán, creando así un espacio de singular belleza, recalcando el talante de ciudad abierta al mar, dándole a La Coruña un carácter y atractivo únicos.

Y como anticipo, de reciente inauguración, los Jardines de la Real Maestranza, excelente mirador que ha incorporado antiguos baluartes y baterías, allí donde la ría coruñesa se introduce en el océano.

ENSENADA DEL ORZÁN

③

RUTA DE LOS ROMANOS Y EL MAR	
ZONA:	**PUNTOS A VISITAR**
TORRE DE HÉRCULES	**1. Torre-Faro de Hércules** Faro romano del s. II d. C. Reformas posteriores, la última culminada en 1791. Único faro, de este origen, activo en la actualidad. **2. Vistas panorámicas.** Desde la torre y en los alrededores. **3. Ensenada del Orzán** Buena panorámica de sus playas, regresando por la carretera de Circunvalación.

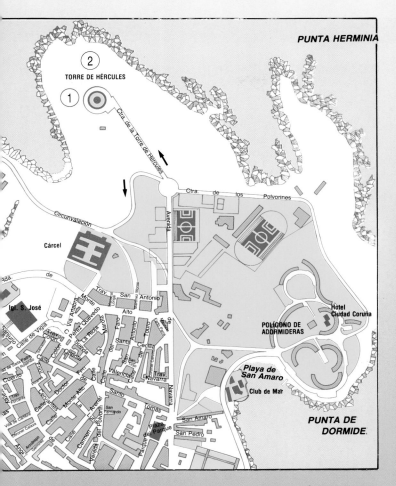

INICIO	C/ Orillamar y Avda. de Navarra.
APARCAR	Espacio que bordea la torre.
SERVICIOS EN LAS INMEDIACIONES	
Puestos ambulantes:	Inmediaciones de la Torre (refrescos, helados).
Recuerdos y postales:	Inmediaciones de la Torre.
SALIDA A LA PRÓXIMA ZONA	Carretera de Circunvalación hacia Orzán y Plaza de Pontevedra.

La Torre de Hércules.

RUTA 3:
LOS ROMANOS Y EL MAR
TORRE-FARO
DE HÉRCULES

LA TORRE DE HÉRCULES

Entre el mito y la historia

La Torre de Hércules tiene para La Coruña un valor muy especial, y no tanto como gran monumento «una obra digna de recordarse entre las primeras» (P. Orosio, siglo V d. de C.). «una de las más recomendables antigüedades gallegas» (J. Cornide, s. XVIII), sino y sobre todo por la relación que, a través del tiempo, llegó a establecerse entre torre y ciudad. Posiblemente sin la primera, hoy no tendríamos la segunda.

De las brumas y la noche de los tiempos emerge la Torre-Faro mezclada con la leyenda y la fantasía, envolviendo el trasfondo de unos acontecimientos que, tradiciones orales y escritas nos han transmitido. Una nos cuenta cómo llegó Hércules desde Cádiz a estas tierras del noroeste gallego, de su enfrentamiento y victoria sobre Gerión, el gigante que las gobernaba tiránicamente.

En esa referencia subliminal que nos transmiten los mitos, cuando acertamos a leerlos entre líneas, intuimos asentamientos e imposiciones de nuevos grupos humanos (orientales, o en contacto con ellos) portadores de nuevos intereses comerciales, sobre oligarquías autóctonas (Gerión), ligados a una economía nómada y ganadera, en un territorio estratégico y poseedor de minerales. Un nuevo estímulo, a través del comercio, llega a estas tierras. Las comunicaciones, la riqueza, el cosmopolitismo serán ejes de expansión de la nueva ciudad de La Torre de Hércules.

Sobre la tumba de Gerión, y como recuerdo para la posteridad, hizo levantar Hércules, la gran Torre y fundó la ciudad de La Coruña. Alfonso X (segunda mitad del siglo XIII) refundiendo éstas con otras tradiciones en su *Crónica General*, nos cuenta cómo un sucesor de Hércules, llamado Hispán, culminó la construcción de la Torre e hizo colocar el «espejo maravilloso», con el que la población podía vigilar el mar, las naves amigas o enemigas que se acercasen. Era un faro de día, el sol lo transformaría en torrente de luz, indicador de la ciudad a los viajeros del mar.

Desde esta infancia de las explicaciones que es el mito, llegamos a la historia adulta, la investigación y reconstrucción científica, difícil para estos primeros momentos tan escasos de datos e información. Existía un puerto y una población de relativa importancia (se discute si coincidiría con el *Portus Artabrorum*, que las fuentes latinas no sitúan con precisión) en relacion con la vital ruta de los metales (oro, plata, plomo, sobre todo estaño, etc.) que comunica las costas y tierras bajo su influencia (*hinterland*) desde el sur de Inglaterra hasta los focos andaluces más avanzados exportadores y en parte manufactureros de los mismos.

Cuando Julio César realiza su expedición marítima sobre los galaicos (61 a 60 a. de C.) llegando a este puerto, no lo hace con la idea de un asentamiento estable en el territorio, sino movido por la riqueza económica del país, por el botín.

No se menciona el Faro, ni lo mencionaron los historiadores romanos posteriores. Las primeras noticias son del cosmógrafo romano Istro Ethico (siglo IV d. de C.) que luego transcribiría P. Orosio (siglo V d. de C.)

Para Cornide está claro el origen romano y apoyándose en un

criterio estilístico sitúa su construcción en la primera mitad del
siglo II, apuntando a la época del
emperador Trajano (del año 98 al
117).

Hoy está fuera de dudas su origen romano, aunque no haya
coincidencia en el momento de su
edificación (segunda mitad siglo I
d. de C/siglo II d. de C.). Es también, y gracias a sus remodelaciones posteriores, el único faro de
este origen activo en la actualidad.

Autor y estructura de La Torre-Faro

Parece hoy como más probable
que fuese el arquitecto Servio Lupo, natural de Aeminio, zona de
Coimbra, el autor de la torre, tal
como lo dice en la inscripción encontrada a pocos metros de la
misma y hoy resguardada bajo la
«caseta de piedra», que dedica al
dios Marte, posiblemente un ar-
did para poder firmar la obra dado que este tipo de construcciones
públicas debían llevar una inscripción solemne con el nombre
del emperador:

Inscripción

MARTI
AVG SACR
G SEVIVS
LUPUS
ARCHITECTUS
AEMINIENSIS
LUSITANUS EX VO

Lectura

MARTI
AUG(USTO) SACR(UM)
G(AIUS) SEVIUS
LUPUS
ARCHITECTUS
AEMINIENSIS
LUSITANUS EX VO(TO)

Traducción

AL SAGRADO
MARTE AUGUSTO
CAIO SERVIO
LUPO
ARQUITECTO
LUSITANO
DE COIMBRA POR UN
VOTO.

Sobre una colina de 60 metros
del nivel del mar y entre las ensenadas de Las Lagoas y la de Punta Herminia, se alza la Torre de
Hércules; su altura actual es de
49 metros. La fábrica romana la
componían tres cuerpos o pisos
(8,89 m el inferior, 8,78 m el in-
termedio y 12,68 m el superior)
coronados por un copete en el que
se encendería el fuego. Con la fachada principal hacia el este, los
cuerpos aislados entre sí interiormente, se dividen en cuatro cá-
maras abovedadas comunicadas
por puertas, y con el exterior por
otras cuatro. Numerosos autores
se interesaron por los problemas
planteados por esta edificación:
Cornide, Tettamancy, Monteagudo, hasta los estudios técnicos y
comentarios de los arquitectos
alemanes S. Hutter (1973), W.
Weber, Hauschild, etc.

La comunicación entre los pisos era exterior, a través de escaleras, posiblemente una rampa
helicoidal. La necesidad de un
apoyo hizo pensar en la existencia
de un muro exterior. Entre la Torre y éste, en forma de tornillo se
desarrollaría la rampa.

Esta sería seguramente la estructura romana del Faro. La
época de crisis y convulsiones que
se inicia en el mundo romano a
partir del siglo III sumirá al Faro
en la oscuridad y en el silencio de
los escritos. Intermitentemente
reaparece en las crónicas medievales conservando su nombre de
Faro, pero ya utilizado principalmente como fortaleza o castillo.
Incluso cuando la población de la
ciudad se traslada a lugares más

seguros, no se olvida el nombre que ahora se generaliza a un territorio más amplio, Arciprestazgo de Faro, Condado de Faro y así va pasando en propiedad o en usufructo de nobles a eclesiásticos y a los estragos del tiempo y de las gentes.

Viajeros del siglo XVI nos hablan de la notable ruina que experimentaba. Había perdido la escalera y la muralla exterior. Posiblemente había sido utilizado como castillo del tipo «donjon» (sin puerta baja, penetrando a través de escala o escalera por las puertas-ventanales de la primera planta). Era ya una cantera de élite, una crisálida pétrea, que proporcionaba viejos materiales para nuevas construcciones de la ciudad: palacios, murallas y fortificaciones como el castillo de San Antón.

Las reconstrucciones de la Torre

Su primera reconstrucción data del siglo XVII. Un acuerdo (1684) de D. Juan Francisco Pacheco, duque de Uceda y Capitán General de Galicia, y los cónsules de las potencias marítimas europeas interesados en que la Torre volviese a funcionar como faro, permitieron al arquitecto Amaro Antúnez iniciar las obras de adaptación: taladro de las bóvedas de los tres pisos para comunicarlas por una escalera interior de madera que permitiese el paso hasta los dos torreones que se agregaron en la parte superior para sostener el farol de luz.

Un siglo después se realiza la segunda y última reconstrucción, la que le dio su aspecto actual. El Real Consulado de la Ciudad consciente del momento económico expansivo y de la importancia capital que tendría el fomento del comercio y la navegación, concibe un plan de reformas del puerto, comenzando con la restaura-

ción de la torre. Solicitada y conseguida la ayuda del rey Carlos III y encargándose de las obras el ingeniero de la Real Armada D. Eutaquio Giannini, éstas comienzan en junio de 1788. La antigua torre fue recubierta por un «forro» de nuevos sillares, marcándose en ellos una banda oblicua que recorre la fachada en recuerdo de la antigua escalera que la envolvía helicoidalmente, que dieron un mayor volumen al edificio, ocultando sus proporciones primitivas. Recolocaciones de ventanas y puertas. Nueva escalera interior de piedra, mayor altura y nuevo farol de reverbero. Posteriormente, se adjuntó torrecilla rememorando la antigua torre, base actual del pararrayos.

Dos inscripciones colocadas sobre las puertas en la cara norte, informan a la posteriodad sobre estos trabajos. Una del inicio de las obras en tiempos de Carlos III, de su conclusión en 1791 reinando su hijo Carlos IV, la otra.

Anímese y suba, son doscientos y pico de escalones pero la vista panorámica que puede divisar sobre su terraza, justifican y consuelan del esfuerzo realizado.

La Torre de Hércules y la ciudad de La Coruña

Es el faro-torre un depositario de la historia de la ciudad. La leyenda de la torre-faro le dio el valor de la libertad; su materialidad, el símbolo de su desarrollo mercantil; su luz, los caminos del mar, la relación con otras gentes, el cosmopolitismo de las suyas. En momentos de dispersión, conservó el emplazamiento de la ciudad, volvió a aglutinar a la población en su entorno, fue parte de sus piedras. Por ello como símbolo indiscutible, se hizo también emblema, piedra heráldica de su escudo, sellando la fusión de la Torre y la Ciudad.

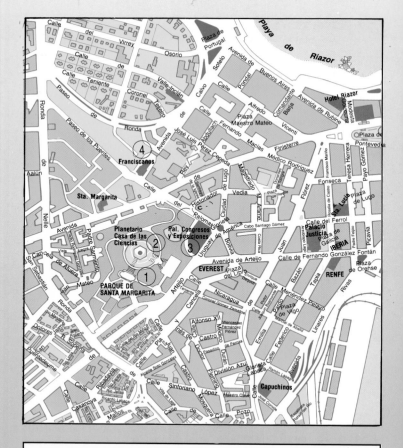

RUTA DE LA NATURALEZA Y LA CULTURA

ZONA DE SANTA MARGARITA

PUNTOS A VISITAR

1. Parque de Santa Margarita
Variedad arbórea. Pajarera. Estanques, auditorio. Zona deportiva. Paseos y jardines.
2. Museo Casa de las Ciencias
Informática. Péndulo de Foucault. Zoología y botánica. Planetario.

3. Palacio de Congresos y Exposiciones.
Monumental construcción neoclasicista empotrada en una cantera. Auditorio musical.
4. Iglesia Conventual de S. Francisco.
Gótica del s. XIV, que fue trasladada en 1964 a este lugar.

INICIO	Avenida de Finisterre
APARCAR	Paseo de los Puentes

SERVICIOS EN LAS INMEDIACIONES

En torno a la Glorieta de América,
y en la Avenida de Finisterre
o en la c/ Padre Sarmiento.

Todo tipo de Servicios.

**SALIDA A LA
PRÓXIMA ZONA**

Plaza de Pontevedra a
c/ Teresa Herrera
y a c/ Linares Rivas.

El parque de Santa Margarita.

RUTA 4:
NATURALEZA Y CULTURA.
SANTA MARGARITA

PARQUE DE
SANTA MARGARITA

Es hoy el parque más extenso por su gran riqueza y variedad arbórea, el principal pulmón de la ciudad. Un gran cuadrilátero de verdor en este nuevo espacio del «ensanche» urbano que debe ser visitado y complementado con la Casa de las Ciencias y Planetario. Todas sus construcciones están próximas, por lo que no daremos un itinerario, es mejor descubrirlas mientras «se hace camino al andar». Existen interesantes ejemplares en la pajarera, aunque en libertad que aniden o utilicen el parque son numerosísimas las especies. Podremos observar en el estanque situado al pie del antiguo molino patos, gansos y posiblemente los bellos, majestuosos y románticos cisnes negros de origen australiano. Los patos y gansos son descendientes de las especies silvestres. En sus avenidas, admirando sus sorpresas, en insólitos rincones o descansando en sus bancos y mesas campestres en medio de agradables olores naturales, con la luz tamizada a través de su arbolado, apreciaremos la paz y el sosiego de este lugar aislado de los ruidos y prisas urbanas.

Casa de las Ciencias.

Museo Casa de las Ciencias

Interesante edificación de planta hexagonal con una arcada granítica corrida en su parte inferior y un cuerpo central enmarcado entre el cristal, las altas y potentes columnas se cubren con original cúpula que recuerda, en su exterior, los casquetes que coronan las torres de los grandes observatorios astronómicos. Aquí tiene su sede un singular museo que aúna la ciencia y su historia con la imaginación, los conocimientos del Cosmos estelar y la actividad lúdica.

Inaugurado por SS. MM. los Reyes el 1 de junio de 1985 en este palacete de principios de los años cincuenta, tras una interesante y funcional revitalización llevada a cabo por el arquitecto Felipe Peña.

En la *planta de acceso* se encuentra la sección de informática y objetos varios (maqueta del hidroavión *Dornier X*, etc.). En su zona central el péndulo ideado por el científico francés León Foucault, para demostrar el movimiento de rotación de la Tierra sobre su eje. Es una esfera de latón de 125 kilos sostenida por un cable de acero de 14 metros de longitud. Cada día, a medida que transcurren las horas, la esfera va derribando una serie de pivotes colocados en círculo, al girar su plano de oscilación en el sentido de las agujas del reloj.

En la primera planta la sala de experiencias, de los pequeños «por qué» científicos presentados de forma atractiva y lúdica.

En el espacio de la *segunda plan-*

Casa de las Ciencias. Colección López

ta suelen realizarse frecuentes exposiciones sobre aspectos monográficos de la historia de la ciencia y de la técnica, tanto del propio museo como en combinación con otras instituciones científicas.

En la *tercera planta* se expone la interesante colección que logró reunir el gran naturalista gallego V. López Seoane (1834-1900) sobre zoología y botánica. En unos ordenadores obtendremos información complementaria sobre las muestras.

En la *cuarta planta*, con una capacidad para 84 personas, podremos presenciar las exhibiciones del planetario: el aspecto del fir-

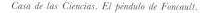

Casa de las Ciencias. El péndulo de Foncault.

mamento desde cualquier punto de la Tierra, en cualquier época del año, aspectos parciales de constelaciones, soles, planetas y cometas, todo puede maravillarnos sobre su pantalla semiesférica de 10 m de diámetro. Quizá la parte más sorprendente y atrayente de este pequeño gran museo.

El conjunto se completa con el pequeño edificio próximo, de parecida estética, que es su biblioteca utilizado además como sala de conferencias y de proyección de películas divulgativas.

Ejemplo del remozamiento cultural y urbano de estos últimos años, la Casa de las Ciencias es también uno de los museos didáctico-científico más interesante de España. De este saber y enseñar, es la manzana de Newton, auténtico emblema del museo.

En la zona noroeste del parque se extiende un pequeño jardín circular con una buena vista panorámica de la ciudad, además se encuentran ustedes sobre la cubierta del Palacio de Congresos.

Palacio de Congresos y Exposiciones

En la llamada Cantera de Santa Margarita, entre la calle del Palomar y la de Uruguay, frente a la Glorieta de América, se construyó en 1989 este interesante edificio que contribuye a la configuración de esta zona urbana tanto espacial como visualmente y que es un buen exponente del clasicismo moderno, que en estos últimos años trata de extenderse por la ciudad, rescatando ciertos rasgos arquitectónicos tradicionales, apoyado en nuevos planteamientos estéticos y urbanísticos y animado de energía monumental.

Fue concebido como Palacio de Congresos y Exposiciones. También de la música y de la ópera, por ello sus especiales condiciones acústicas diseñadas para conseguir un tiempo de reverberación entre 1.7 y 2 m/s (entre estos parámetros oscilan los mejores palacios de la música del mundo) en su gran auditorio central, con capacidad para 1750 asistentes en cómodas butacas distribuidas en un anfiteatro con dos niveles de acceso. Con escenario de 650 m², ampliable, al que pueden llegar directamente los camiones con la tramoya y un foso orquestal con capacidad para 80 músicos. Todo un equipamiento técnico para traducción simultánea y transmisiones lo capacitan para la realización de grandes congresos internacionales. Posee además otra gran sala circular de conferencias para casi 500 asistentes. Diferentes salones de ponencias, despachos de trabajo, *hall* de exposiciones, etc. Cafetería, restaurante, tiendas especializadas, sala de prensa y aparcamiento subterráneo para 800 plazas completarán el cuadro de servicios.

El edificio se empotra materialmente excavándose en la Cantera. Su lateral derecho se cubre con espectacular cascada de agua para enmascarar la línea de cantera, mientras en el otro extremo se desarrolla una plaza que permite, a través de unas escaleras, acceder a la terraza del edificio y el propio Parque de Santa Margarita. Nos presente su fachada en forma circular de casi 20 metros de altura con un lenguaje fundamentalmente neoclásico que ensambla el aluminio con el vidrio y el hormigón arquitectónico. Está realizado a través de una proporción áurea donde las dimensiones de las columnas guardan una relación con las demás partes del edificio, y que con diferentes variantes han empleado todas las arquitecturas clasicistas, tiene su origen en los tratados del matemático griego Euclides.

Palacio de Congresos.

La cubierta ajardinada que prolonga el Parque de Santa Margarita y el excavamiento arquitectónico en la piedra de su ladera, dan un matiz ecológico a la construcción y un símbolo a esa fusión de cultura y ciudad.

Siguiendo por la calle del Palomar, cruzando la de Finisterre, encontraremos el ábside de la iglesia de San Francisco.

Iglesia conventual de San Francisco

Declarada Monumento Histórico-Artístico Nacional en 1939, se trasladó a su actual ubicación en 1964, desde los terrenos que en parte ocupa el cuartel de artillería, frente al jardín de San Carlos. Allí ha quedado su torre de campanas que aún podemos contemplar. De la primitiva iglesia se conserva la cabecera y nave del crucero y la portada principal, el resto es de nueva construcción. Tiene planta de cruz latina, de una sola nave tanto en el brazo mayor como en el crucero. De estilo gótico del s. XIV, recoge los postulados de severidad y sencillez ornamental que predicaban tanto sus constructores como exigían los tiempos de crisis en que se vivía, y que dará lugar a lo que en Galicia se denominará, «gótico marinero».

Cabecera. Tiene tres ábsides. El central es poligonal de siete lados y se cubre con bóveda nervada, de abanico. Los laterales son de planta rectangular cubiertas con bóveda de crucería. Arcos ojivales de acceso de buena factura, sobre semicolumnas adosadas.

Crucero. En el extremo de su brazo norte se encuentra una capilla señorial del siglo XVI cubierta con elegante bóveda estrellada.

Portada principal en la fachada oeste es sumamente sencilla en lo conservado. Sobre las tres columnillas acodilladas en sus jambas, se proyectan las arquivoltas semicirculares sin decoración, la interior ligeramente apuntada. El tímpano con su ornamentación escultórica se ha perdido.

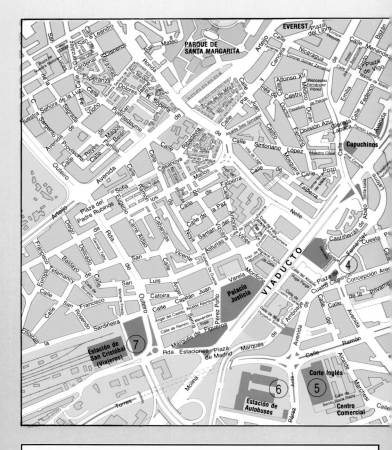

RUTA DEL COMERCIO Y LOS TRANSPORTES

ZONA DE CUATRO CAMINOS

PUNTOS A VISITAR

1. «El Muro»
Lonja coruñesa.
2. Plaza de la Palloza
Agradable espacio con el mo-
numento a la Cigarrera.
3. Fábrica de Tabacos
Antigua sede de los Correos
Marítimos Americanos en el s.
XVIII. Desde 1803, Fábrica de
Tabacos.
4. Plaza de Cuatro Caminos.
Gran fuente luminosa. Monu-
mento al «Perro Guía».
5. Gran Superficie Comercial
«El Corte Inglés» y «Centro Co-
mercial Cuatro Caminos».

6. Estación de Autobuses.
**7. Estación de Ferrocarril de
San Cristóbal.**

PUERTO DE LA CORUÑA

INICIO	Muelle de Linares Rivas
APARCAR	Aparcamiento subterráneo de la Palloza o en alrededores de la plaza.

SERVICIOS EN LAS INMEDIACIONES

Bancos:	Plaza de cuatro Caminos y c/ General Sanjurjo.
Periódicos y Estanco:	Plaza de Cuatro Caminos.
Oficinas de Tráfico:	Plaza de Cuatro Caminos.
Hotel Rivas:	c/ Fernández Latorre.
Hotel Sol-Coruña:	c/ Ramón y Cajal.
Farmacia:	c/ Fernández Latorre.
Hotel Expo:	c/ Ramón y Cajal.
Estación de Autobuses:	c/ Ramón y Cajal.
Restaurantes:	c/ Fernández Latorre e interior de las superficies comerciales.

Cafeterías en todas las calles de la zona.

SALIDA A LA PRÓXIMA ZONA	Avda. de Alfonso Molina.

Plaza de la Palloza.

RUTA 5:
COMERCIO
Y TRANSPORTES.
CUATRO CAMINOS

«EL MURO» O LONJA

El muelle del este y el de la Palloza forman el gran ángulo pesquero del puerto coruñés. Aquí se encuentran los galpones e instalaciones de la lonja en la que se inicia el gran circuito de la comercialización del pescado. El pescado anual comercializado en el puerto coruñés oscila en torno a los 25000 millones, su lonja es una de las grandes fuentes de riqueza urbana, y por el tráfico de pescado su puerto pesquero es uno de los primeros de Europa. Su redistribución se organiza según un determinado sistema, aunque tendrá que madrugar si quiere observarlo en directo. El pescado y marisco desembarcado se concentra en la lonja, se subasta a la baja, partiendo del precio que fija el armador o patrón. Los mayoristas que obtienen los grandes lotes los envían luego a los diferentes puntos de venta, donde la figura del asentador lo redistribuye entre los detallistas y minoristas. El pescado puede encarecerse en un 50% o más de su coste inicial, pero el circuito de intermediarios asegura su compra al pescador y la recepción rápida por el consumidor.

Plaza de la Palloza y Fábrica de Tabacos

Este espacio urbano ha sido remodelado recientemente (inaugurada su plaza en 1989). En su centro un estanque y fuente, que darán una nota de frescor en los días calurosos del verano, acoge la escultura de la cigarrera obra de María Jesús Urgoiti. Un rostro anónimo pulido y sin rasgos contrasta con el desarrollo nervioso del cuerpo y de las hojas de tabaco que transporte para realizar sus labores, en el edificio que se levanta en su frente. La cigarrera, una de las primeras posibilidades de trabajo industrial que tuvo la mujer coruñesa, fue un tipo social entrañable y activo sindicalmente durante el s. XIX dada su plantilla de 4000 trabaja-

El muro o lonja.

Plaza de Cuatro Caminos.

dores. La Fábrica de Tabacos es un edificio exento, articulado sobre cuatro patios. Construido en la segunda mitad del s. XVIII para el servicio de los Correos Marítimos con las colonias americanas y almacén general de víveres.

En 1802 al trasladarse a Ferrol el Servicio de los Correos y el almacén, el edificio se va a reestructurar para su nueva función, la de fábrica de tabacos. Nuevas reformas (1847) irán ampliando sus instalaciones e importancia. La tecnificación y nueva maquinaria iniciarán el descenso de mano de obra y obligarán a nuevas obras (1908, por el arquitecto Juan de Mesa) que le darán su aspecto actual cuya fachada ha conservado su decoración austera y uniforme al dictado neoclásico.

Plaza y fachada entre el césped, los árboles y las altas palmeras crean un espacio sosegado y agradable. Subiendo por la Cuesta de la Palloza llegaremos a la plaza de Cuatro Caminos.

Plaza de Cuatro Caminos

Su nombre se debe a las cuatro grandes rutas, que coinciden prácticamente con los puntos cardinales. Hacia el norte siguiendo la Cuesta de la Palloza y Linares Rivas nos dirigiremos al centro de la ciudad. Por el oeste siguiendo la Ronda de Nelle, dejaremos a nuestra izquierda la iglesia de San Pedro de Mezonzo, nos conducirá a la zona de Santa Margarita y luego al Agra del Orzán. Por el sur, tras pasar la Estación de Autobuses nos orientaremos hacia los barrios de Elviña, Monelos y el de las Flores. Por el este hacia la zona del Castrillón y Monte das Moas, y siguiendo la avenida del General Sanjurjo enlazaremos con la del pasaje.

La plaza es un polígono irregular que aúna elementos variados e incluso dispares, viejos y nuevos edificios, galerías y hormigón, movimiento de tráfico con lugares de descanso ajardinados y una fuente luminosa de potentes chorros de agua que refresca el entorno en los días veraniegos, e introduce su nota cristalina suavizando ruidos en este espacio agitado por sus cuatro caminos. Recientemente un monumento quiere recordar la abnegación, la entrega y el cariño silenciosos del «Perro-Guía» a los ciegos.

Por Fernández Latorre llegaremos a la calle Ramón y Cajal, en donde prácticamente sin solución de continuidad veremos de derecha a izquierda los edificios del Corte Inglés, Centro Comercial Cuatro Caminos, y el Hotel Sol Coruña. Ambas superficies comerciales, comunicadas interiormente, forman por el número de tiendas, la variedad de productos, la amplia gama de su oferta y sus especializaciones cualificadas el principal centro comercial de la ciudad, con gran implantación provincial y de los más importantes de Galicia.

Lugares de compra o de visita curiosa, también de encuentro y descanso en alguna de sus cafeterías y restaurantes.

Cruzando la avenida Alcalde Pérez Ardá, la parte posterior o «cocheras» de la *Estación de Autobuses*, con entrada principal siguiendo las calles de Marqués de Amboage y de Caballeros partiendo de la plaza de Cuatro Caminos.

Estación de Ferrocarril de San Cristóbal

Desde la zona del Corte Inglés se llega fácilmente siguiendo la avenida Alcalde Pérez Ardá y doblando a la derecha por el paso elevado de la Ronda de Outeiro, desembocaremos en su plaza delantera. O desde el centro de la ciudad siguiendo la avenida de Alfonso Molina y torciendo a la derecha, una vez pasado el viaducto.

La historia del Ferrocarril estuvo íntimamente ligada a la de la ciudad desde mediados del siglo pasado por una cuestión de supervivencia. El destino comercial de La Coruña exigía superar un deficiente sistema viario (la primera carretera Madrid-Coruña

no se acomete hasta 1763) para complementar la actividad portuaria, por lo que el *ferrocarril* se transformó en su principal vía de comunicación con el interior. Se le dio también un papel económico fundamental en unos momentos de crisis generalizada en Galicia. Por eso el tono de triunfante esperanza que despertó la inauguración de las obras el 6 de septiembre de 1858 por Isabel II y la Familia Real. Se le llamaría «Ferro-Carril del Príncipe D. Alfonso. Ya rey, en 1883, Alfonso XII inauguraría las obras terminadas del tren directo Madrid-La Coruña y la primitiva estación, que se encontraba sobre los terrenos que hoy ocupa la Estación de Autobuses. En 1927 Alfonso XIII repetiría la misma ceremonia con el de Zamora-La Coruña. Posteriormente, se levantará la estación actual de San Cristóbal. La necesidad de cubrir anchos espacios dotándolos de transparencia y aireación da lugar a este tipo de construcción funcionalista que utiliza una osamenta metálica de estructura ligera repartida en 11 arcos escarzanos sobre pilares de fundición. Los emsamblajes, remaches y perfiles, actúan como los nuevos elementos decorativos. Una nueva belleza que plasma su sentido en la racionalización de la función. El muro es secundario, simple revestimiento y separación de oficinas. Su fachada se remata en triángulo almenado, inspirándose en modelos neorrománicos, presentando al mismo tiempo la superficie del granito sin pulir rememorando o intentando rescatar usos tradicionales del país.

En su amplio espacio frontal se está realizando una nueva plaza urbana que será en parte memorial de esta historia ferroviaria de la ciudad y nueva «sala de espera», sin muros, protegida del ruido circundante por el verdor de árboles, jardines, para futuros viajeros.

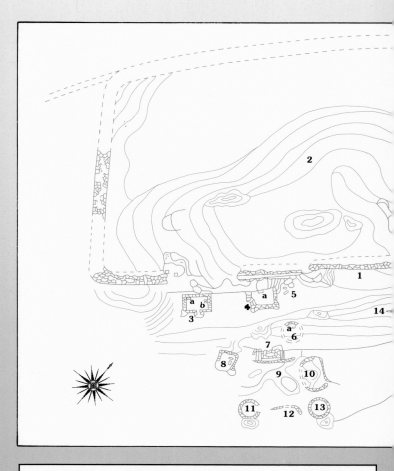

RUTA DE LOS CASTROS A LA UNIVERSIDAD

ZONA DE ELVIÑA

PUNTOS A VISITAR

1. Coliseo
Sede de grandes festivales y plaza de toros.
2. Iglesia parroquial de San Vicente de Elviña.
Buen ejemplar del románico rural de la 2ª mitad del s. XII.
3. Castro de Elviña
Ciudadela prerromana del s. V a. C. Restos de edificaciones y murallas. Templo y fuente-aljibe.

4. Campus Universitario.
Amplia extensión en la falda del monte de la Zapateira, donde se extienden los edificios e instalaciones de la Universidad de La Coruña.

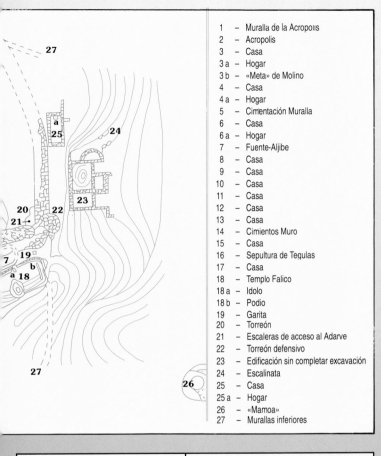

1	–	Muralla de la Acropolis
2	–	Acropolis
3	–	Casa
3 a	–	Hogar
3 b	–	«Meta» de Molino
4	–	Casa
4 a	–	Hogar
5	–	Cimentación Muralla
6	–	Casa
6 a	–	Hogar
7	–	Fuente-Aljibe
8	–	Casa
9	–	Casa
10	–	Casa
11	–	Casa
12	–	Casa
13	–	Casa
14	–	Cimientos Muro
15	–	Casa
16	–	Sepultura de Tegulas
17	–	Casa
18	–	Templo Falico
18 a	–	Idolo
18 b	–	Podio
19	–	Garita
20	–	Torreón
21	–	Escaleras de acceso al Adarve
22	–	Torreón defensivo
23	–	Edificación sin completar excavación
24	–	Escalinata
25	–	Casa
25 a	–	Hogar
26	–	«Mamoa»
27	–	Murallas inferiores

INICIO	Avda. Alfonso Molina
APARCAR	En el lugar de Elviña, próximo al castro de su nombre.

SERVICIOS EN LAS INMEDIACIONES

Hipermercado Continente:	Avda. Alfonso Molina
Automóviles Louzao:	Avda. Alfonso Molina
Seat-Marineda Motor:	Avda. Alfonso Molina
Estación de Servicio Elviña.	

SALIDA A LA PRÓXIMA ZONA	Regreso a la ciudad por Avda. Alfonso Molina.

El Coliseo. Fachada norte.

RUTA 6:
DE LOS CASTROS
A LA UNIVERSIDAD.
ELVIÑA

Dirigiéndonos hacia San Vicente de Elviña por la avenida de Alfonso Molina, veremos a nuestra derecha la gran superficie comercial de Continente y próximo la ingente mole del *Coliseum* que es una estructura vanguardista proyectada sobre amplios arcos parabólicos de hormigón armado, para acoger un recinto circular que pueda desarrollar una polifacética actividad festiva y cultural. Su enorme aforo unido a sus múltiples posibilidades lo hacen idóneo como gran auditorio musical, como espacio para la realización de multitudinarios festivales rockeros o grandes mitines políticos, fiestas populares y plaza de toros. Su versatilidad arquitectónica proporciona esta gran disponibilidad de descongestión urbana y de multiplicación de oferta festiva, asegurando su realización con la cubierta tratada como techo acústico y de luz que permite modificaciones para adaptarse a las distintas clases de espectáculos.

Poco después, torciendo a la derecha en el sentido de nuestra marcha, nos dirigiremos hacia la iglesia de San Vicente.

Iglesia parroquial de San Vicente de Elviña

Fachada realizada en buenos sillares de piedra, algunos aún conservan los signos de los canteros, en la que se abre una puerta protegida por tres arquivoltas sin decoración sobre sus molduras apoyadas en dos grupos de columnas monolíticas acodilladas en las jambas, y con elegantes capiteles vegetales.

Interior de una nave, cubierta de madera y un ábside rectangular, al que se accede por un arco semicircular peraltado, con bóveda de medio punto. Recios capiteles de gruesas hojas de acanto y cabezas de animales. La sacristía situada en el lado norte es un añadido posterior.

La iglesia que es un buen ejemplar del románico rural de la segunda mitad del s. XII, presenció el 16 de enero de 1809 el transcurrir de la batalla defensiva que los ingleses de Sir John Moore presentaron a las fuerzas napoleónicas dirigidas por los mariscales Soult y Ney. Herido el inglés cerca de esta iglesia, moriría poco después en La Coruña.

El castro de Elviña

Ciudadela prerromana

En las proximidades de La Coruña, a 400 metros de su *campus* Universitario, sobre un cerro de unos 120 metros de altitud, aislado en el centro de un valle, en una posición aventajada estratégicamente, dominando un amplio horizonte tanto terrestre como marítimo, se asienta un yacimiento protohistórico, conocido como Castro de Elviña, es decir, una ciudadela prerromana. La unidad social básica era la familia. La agrupación de éstas daba lugar a la «centuria», dirigida por un consejo de ancianos y los más destacados en la guerra. Los castros eran habitados por las centurias. Existía una unidad superior, el *populi* que al englobar a varias centurias se extendía por un área territorial más o menos amplia. El conjunto de los *populi* del noroeste peninsular fue llamado por los romanos *gallaeci* o *gallaicos* (de donde gallegos).

El recinto fortificado, tenía tres perímetros de murallas. El superior corresponde a la acrópolis, es de forma trapezoidal, con dos entradas flanqueadas por torreones (en el plano, números 20 y 22). Las murallas de cantería configuran el aspecto exterior del Castro, con una anchura variable en función de su peligrosidad que va desde uno y pico hasta cuatro metros, en las que la piedra podía combinarse con barro, troncos y tierra amontonada con cascotes y asociar el conjunto con otros elementos defensivos complementarios: fosos, barreras, etc. Los castros son lugares de vida pero también de refugio. Su necrópolis estaría alejada hacia el SE (número 26) en la que se han detectado varias «mámoas».

Las excavaciones se han realizado en las laderas este y sur (ver plano). Iniciadas en 1948 por L. Monteagudo, continuadas por J. M. Luengo. Tras un inexplicable lapso de olvido, despreocupación (instalación en su zona superior de postes y torreta de tendido eléctrico) y de asaltos destructivos de «buscadores de tesoros» (aunque el Decreto de 20-7-1962 lo declaraba Monumento Histórico-Artístico), en 1981-82 un equipo de arqueológocos y amantes del descubrimiento de las identidades del pasado, que oculta el tiempo bajo capas o estratos de sedimentos, han vuelto a excavar el yacimiento. Las campañas posteriores consolidaron lo anterior y arrojaron nueva luz sobre los datos temporales y culturales del asentamiento.

El Castro de Elviña estuvo poblado desde los comienzos del siglo v a. de C. hasta el siglo i d. de C.; ligado a una economía sobre todo ganadera y metalífera (estaño para el bronce principalmente, también hierro, plata, oro...), elementos de comercio potenciados por la proximidad del puerto coruñés y los grandes focos más desarrollados del sur de la Península.

La conquista de los romanos supondrá modificaciones profundas en su organización y en sus formas de vida. Se evoluciona hacia nuevos tipos de asentamientos y un nuevo sistema de relaciones sociales (*vicus, villae*).

La mayoría de las casas que vemos en Elviña, sin plan urbanizador, son de planta circular, con un diámetro de cuatro a cinco. También las hay ovales. En el interior el pavimento era de tierra pisada o recubierto de lajas o losas de piedra. La cubierta en forma cónica, se formaba por un armazón de ramas, varas entretejidas con paja, hojas, posiblemente embetunadas con arcilla, sostenido en postes de madera.

La Fuente y el Templo

El problema del abastecimiento del agua fue uno de los más acuciantes peligros para la estabilidad de los moradores de los antiguos castros. Hubo varias soluciones: proximidad de los ríos y manantiales canalizados en el interior. Sin embargo la Fuente Aljibe (número 7 en el plano), descubierta por J. M. Luengo en octubre de 1951, es única en su género. De 12 metros de largo y 5,33 metros de profundidad, a la que se llega a través de dos escaleras laterales, de ejecución poco cuidada (desigualdad en el desarrollo y altura de los peldaños). Realizada en mampostería ordinaria (asentada con un deleznable mortero de barro blanco procedente del mismo castro, no lejos de la fuente), se usaba como fuente sin desagüe o pozo (cuando fue excavada y se extrajo la tierra que rellenaba el fondo, comenzó a brotar agua: aún estaba viva) y depósito o aljibe para la recogida de aguas procedentes de las lluvias.

La otra fuente, la del espíritu, sería el Templo. Una de las construcciones de mayores proporciones (número 18), de planta rec-

Castro de Elviña, detalle.

tangular al norte y oval al sur, que por sus características (dos podios en su testero, que encerrarían un supuesto espacio sagrado, y el hallazgo *in situ* de una piedra con relieve de un ídolo fálico, que se encuentra en el Museo Arqueológico de S. Antón) hizo pensar en ceremonias de un culto a la fecundidad y la procreación.

Restos y «Tesoros»

Entre las ruinas de las edificaciones se encontraron múltiples restos de la vida cotidiana, desde el trabajo al ocio, o de ese deseo humano de defender sus riquezas mediante la ocultación que tan gratas sorpresas, aunque escasas, depara a los arqueólogos; y tantas codicias despertó entre los «buscadores de tesoros», y por desgracia destrozos, algunos irreparables, en la estratigrafía del yacimiento.

Restos de utensilios de piedra, de vidrio, de cerámica, de metal. En el castro hubo fundición de bronce como atestiguan los restos de escorias, moldes y crisoles. Las

piezas de orfebrería constituyen el más importante de los hallazgos. Oculto entre las piedras del pavimento de una casa (número 8 en el plano) apareció un «tesorillo», entre múltiples trozos de vasija, compuesto por una pulsera (realizada con seis elementos de chapa repujada y soldada), una diadema, una gargantilla y un collar de 13 cuentas bicónicas con un abalorio de vidrio y un colgante de espléndida ejecución (y similar en el procedimiento al remate de torques encontrados en las excavaciones de Santa Tecla). Estas joyas de oro de 12 quilates con aleación de plata de 10 quilates, expuestas en el Museo Arqueologico de La Coruña (ver *Castillo de San Antón*), pueden datarse del siglo III a. de C.

Romanización

Los restos materiales de la presencia de los romanos son escasos en el Castro de Elviña: tres monedas de época de Augusto y Tiberio, restos de cerámica, de ánforas..., lo que da a entender su

pronto abandono a raíz de la con-
quista-pacificación del territorio
por Roma; ya Estrabón nos con-
taba (III, 3-5) cómo los romanos
«obligaron a los habitantes de
aquellos recintos a descender de
las montañas a los llanos». Su
destrucción fue deliberada, como
lo demuestra la demolición de los
muros superiores, piedras que al
bajar en alud arrasaron las casas
situadas en las terrazas y laderas
de la colina. A juzgar por los datos que hoy disponemos sería durante la época de Tiberio (14 a 37
a. de C.). Antes que las piedras se

habían trasladado sus pobladores. Alguno nos dejó el tesorillo
oculto.

Próximo en la falda del monte
de la Zapateira se extiende por
112000 m², que se irán ampliando
en un próximo futuro, el conjunto
de instalaciones que conforman el
campus universitario.

Campus universitario

Sobre un marco natural de
monte y vegetación, con aire menos contaminado y buenas vistas
panorámicas, el *campus* es un gran

Campus de la Zapateira.

proyecto que va cobrando vida, haciéndose realidad gracias al empuje municipal y ciudadano, para encauzar viejos deseos y nuevas necesidades coruñesas. Un conjunto, en continuo desarrollo, de edificios docentes de las diversas facultades, de oficinas administrativas, a las que se agregaron y otros que lo harán próximamente, zonas ajardinadas, deportivas en sus vértices y residenciales próximas al núcleo urbano de San Vicente de Elviña. Se completarán con un Auditorio y parque natural que se piensa instalar en las proximidades del Castro de Elviña. La futura capacidad del *campus* que se cifra en 30000 estudiantes y que actualmente se aproxima a la mitad, será el principal motor de su expansión.

Hacia el lado opuesto del monte, siguiendo la carretera encontraremos dos grandes sociedad recreativas, la del *Sporting Club Casino de La Coruña* y la del *Club de Golf*, con amplias y avanzadas instalaciones deportivas. La obtención de pases de forastero le puede dar opción a su disfrute.

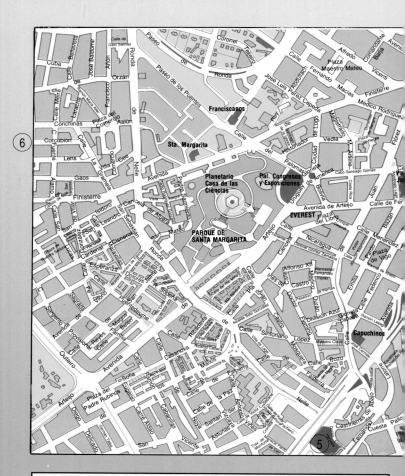

RUTA DE LAS NUEVAS PLAZAS

PUNTOS A VISITAR

1. Plaza de María Pita
2. Plaza del Humor
3. Plaza de Pontevedra
4. Plaza de la Palloza.
5. Plaza de Pablo Iglesias
En el Castrillón.
6. Plaza de los Liberales
En las Conchiñas.

PUERTO DE LA CORUÑA

APARCAR	Aparcamientos subterráneos o en el contorno de la Plaza.

SERVICIOS EN LAS INMEDIACIONES

Paradas de Autobuses Urbanos
Comercios
Farmacias
Teléfonos públicos
Cafeterías
Periódicos y Estancos
Otros servicios

En las mismas plazas o en sus inmediaciones.

Plaza de San Cristóbal.

RUTA 7:
LAS NUEVAS PLAZAS. EVOCACIÓN Y SIGNIFICADO

Las plazas antiguas eran espacios urbanos que se transformaban en memoriales y monumentos a la exaltación y el recuerdo de un hecho histórico o de un gran personaje. Para inmortalizar el ejemplo ciudadano, su memoria popular y la gratitud cívica. Tienen un espíritu de halo romántico y de belleza nostálgica.

Las nuevas plazas exponen un nuevo sentido urbano y social. Transmiten una idea que quiere ser integradora y participativa, pero también respeto hacia lo individual, a la actividad particular. Su espíritu es el uso y disfrute cívico. Son juegos imaginativos donde lo floral, el verdor y el árbol, se unen a la estética formal en la articulación de unos volúmenes de hormigón, de granito, de cerámica y de agua para crear un espacio urbano, de esparcimiento y de comunicación, que nos habla de un nuevo concepto de calidad de vida y de relación ciudadana.

Si las galerías representan la estética renovadora y el triunfo liberal del s. XIX, las nuevas plazas coruñesas son el nuevo símbolo del cambio democrático, la afirmación y extensión de unos nuevos valores éticos y ciudadanos. Un desarrollo urbano más de su patrimonio, también un gran legado y aportación, que otra vez, de nuevo, hace esta ciudad.

Pluralismo de diseño y composición, libertad imaginativa y del lenguaje arquitectónico, variedad decorativa y estética. Son ya muchas las plazas que han sido remozadas o construidas de nueva planta. Haremos sólo comentarios esquemáticos de algunas de ellas. Una idea somera de sus símbolos y estructuras.

Plaza de María Pita

Conjunción de la Ciudad Vieja y la Nueva, espacio de grandes proporciones equilibradas y de líneas armónicas en sus pórticos y galerías. El remozamiento de su pavimento de losetas y adoquín rosáceo acentuó su efecto monumental de gran plaza. Presidida en su lado norte por el Palacio Municipal, se transforma así en un ágora contemporánea. Carente de otros motivos decorativos que estorben su total perspectiva horizontal, es el lugar del pueblo.

Pueblo y Gobierno fundidos en este conjunto urbano, núcleo de la *Polis* actual. Posee también un segundo gran atractivo, el de la noche, que una iluminación de farola y reflector ha puesto de relieve en variedad de gamas y efectos cromáticos consiguiendo tonalidades de valor artístico y un ambiente humano distendido y tranquilo en el frescor veraniego de sus terrazas nocturnas.

Plaza del Humor

Inaugurada en junio de 1990 según proyecto del dibujante y caricaturista Siro López, la característica sobresaliente de esta pequeña plaza se centra en la originalidad y en una reflexión sobre el horizonte distendido, lúdico y creativo del humor. Eso que tanto se echa de menos en nuestro mundo porque prisas, trabajos, preocupaciones y competitividad no nos dejan tiempo o en parte nos hicieron olvidarlo. Esta plaza es un simpático símbolo, una graciosa invitación a recordar, a recuperar esa idea sonriente de la vida.

Sobre un firme de 457 losetas de mármol que muestran 22 viñetas con 75 personajes, se nos muestran las grandes figuras del cómic de nuestra infancia (los Astérix, Picapiedra, Mortadelos, Pinochos, Patos Donald, etc.), los grandes intérpretes de la pantalla grande (Cantinflas, Pep Isbert,

Alvaro Cunqueiro en la Plaza del Humor.

Charlot, Buster Keaton, Groucho Marx, Laurel y Hardy, etc.) el universal mundo de los grandes creadores del humor (Esopo, Aristófanes, Arcipreste de Hita, Quevedo, Cervantes, Moliére, O. Wilde, B. Shaw, Valle Inclán, G. de la Serna, Mihura, Álvaro de la Iglesia, Mingote, C. J. Cela, etc.).

Aquí y allá veremos otros personajes que giran también como chistes en la constelación del humor, «os nenos» de Cebreiro, el «Gaspariño» de Xaquín Marín, protagonistas de las viñetas de Forges o Mingote, etc., y tres bustos de bronce sobre peana en recuerdo a tres autores con vinculaciones entrañables, Julio Camba, Vicente Risco y Fernández Flórez y la fuente del «Gatipedro», personaje creado por Cunqueiro.

La plaza está dividida en dos niveles. En el superior están, en dos bancos de granito, un irónico Castelao y un Cunqueiro campechano esperándonos para tertuliar, para oírnos, para hacernos sonreír...

Un buen alumbrado permite mantener festiva también la noche, en este nuevo espacio lúdico de la ciudad.

Plaza de Pontevedra (ver pág. 62)

Plaza de la Palloza (ver pág. 127)

Plaza de Pablo Iglesias

Digna de visitarse, aunque un poco separada en la zona del Castrillón, es una plaza grande y rotunda, bella en diseño y rica en sugerencias y símbolos, rescatando materiales tradicionales que utiliza e inyecta de una nueva dialéctica social. Pablo Iglesias (1850-1925) no puede ser un mero relato. Trabajador, pensador, escritor, hombre bueno y valiente, comprometido con su prójimo, que creyó en la cultura y en la justicia para transformar su mundo. El monumento no se realiza al modo antiguo, con oratoria grandilocuente. La plaza se estructura

Plaza de Pablo Iglesias.

RUTA DE LAS NUEVAS PLAZAS

como un camino iniciático hacia las convicciones del personaje, en tres escalones, que el tiempo dejando crecer los árboles y la vegetación de sus parterres irá acentuando con su ocultación y su desvelamiento. En el primer nivel la madera transformada en bancos, mesas o juegos nos habla de adultos. Luego la pequeña polideportiva nos introduce en un mundo juvenil y presente. En el tercer escalón el área infantil, la de los futuros hombres, más protegida del ruido y del tráfico, y la más próxima («dejad que los niños...»). Trayecto que nos conduce a la inocencia, que es la superación de prejuicios. Meditación, parábola y catarsis. El monumento rodeado de un paseo adoquinado se encuentra a ras de suelo con un sentido de proximidad democrática. Un estanque, el agua, el mar siempre presente en la ciudad nos separa de una masa de granito alineados en menhires rememorando orígenes megalíticos, celtas, castreños. Masa informe de granito del que se van individualizando anónimamente los dos grupos que rodean a Pablo Iglesias, liberar al pueblo redimiéndolo de la explotación, convencer por la fuerza de la razón. Ésas son las ideas que esculpirán los cuerpos y los rostros de las gentes con felicidad y emociones, y merecer odio por eso será para nosotros una honra dice resumiendo, el texto del lateral derecho.

Plaza de los Liberales

Contigua al mercado de las Conchiñas en la zona de Agra del Orzán. Es el reconocimiento de La Coruña, ciudad eminentemente liberal, a los promotores de las nuevas ideas de libertad, de justicia, de igualdad y de convivencia, que forjaron la historia de su etapa contemporánea. Un pavimento cromático nos sugiere el agua, la playa, las tierras que

conforman el marco de la ciudad. Surtidores y fuentes que contrastan su estética con las artísticas farolas que rememoran modelos de alumbrado del s. XIX. Plazuelas laterales para las tertulias, zona de juegos infantiles, los espacios de convivencia se van articulando sobre la avenida-explanada central que nos conduce a un escenario granítico, piedra emblemática de Galicia, en cuya zona central se levantan perfiles de hormigón forjado. Son los ritmos marinos de las velas, el protagonismo del mar, del puerto, del comercio que hicieron a La Coruña tal como es. A su derecha el grupo en bronce de los liberales (Juana de Vega, Espoz y Mina, etc.) sobre un pedestal granítico del que se proyectan tres figuras que buscan su inserción en el espacio, esculpidas a golpes de cantero, fuertes, duros, con un tratamiento rugoso de las superficies, que permiten comunicar el gran poder expresivo de la piedra como proceso de transformación. Esta fue la obra de los liberales en La Coruña. Volúmenes, bronces y granitos el lenguaje artístico de su reconocimiento.

Hay otras muchas *pequeñas plazas*, salpicadas en esquinas o recodos inesperados y recoletos, descubridoras de rincones con su gama variada de alicientes. Las hay también humildes, llenas de calor y humanidad, en las que contertulian los abuelos, en las que el jubilado recuerda, en las que el niño juega o escucha. Semblanzas curiosas de una ciudad que entiende y valora el sitio pequeño.

Son también muchas las que se están gestando, por ejemplo la del Ventorrillo, el gran espacio de los Puentes, en la Estación dedicada a la Renfe y a la ciudad y un largo etc., pero éstas quedarán para otra edición, porque La Coruña y sus plazas dan y darán mucho que hablar.

Playa de Riazor.

RUTA 8: PLAYAS URBANAS Y PLAYAS DE LA RíA CORUÑESA

Playas urbanas.

Una de las grandes ventajas de La Coruña, para propios y forasteros, es la existencia en pleno centro urbano de la línea de playas que en forma de concha se curvan sobre la ensenada del Orzán. Al desarrollarse la ciudad sobre una península unida a tierra por un delgado istmo, presenta dos zonas estrechadas por el mar. En la más protegida y opuesta al Orzán se ubicó el puerto. Los arenales se fueron formando en la cara atlántica, con inviernos de imponentes temporales y oleaje enfurecido que crean un impresionante espectáculo. Los veranos son apacibles invitando al chapuzón, a ejercicios de natación o a tostarse con los baños de sol.

Una gran línea de playas prácticamente sin solución de continuidad, *Riazor, Orzán y Berbiriana*, han sido recientemente ensanchadas con un relleno que dio lugar a la formación de un gran arenal, enmascarando en gran parte las gruesas arenas originales, y prestando a sus aguas tonalidades verde azuladas.

Un eficaz servicio de limpieza en los meses veraniegos mantiene las buenas condiciones de la playa, que se complementa con un servicio de duchas y surtidores, las cafeterías, snack-bar, restaurantes, pizzerías, hoteles y apartamentos, pubs, discotecas y cines, etc., en su entorno, crean una variada infraestructura turística y una excelente zona de ocio y disfrute. La creación del «Paseo Marítimo», en plena realización, transformará a este tramo de la avenida Barrié de la Maza, en un magnífico mirador y una extraordinaria terraza urbana sobre el arenal y el mar, invitando a pasear cuando la brisa marina suavice el calor estival. Este tramo enlazará con la Torre de Hércules.

En el lado derecho de la Ensenada, un entrante del terreno da cobijo a otra playa, la de las *Amorosas*, nombre indicativo en su momento. En el sudeste de la rocosa península otra ensenada, la de *San Amaro*, acoge otro arenal o playa de este nombre. Sus pequeñas dimensiones son compensadas por unas aguas limpias y resguardadas. Inmediato el Club del Mar. La zona circundante se denomina «Adormideras», por la proliferación natural de plantas de esta variedad que existía antiguamente en este lugar.

Otra playa, de reducidas proporciones, se sitúa en el margen izquierdo de la Ensenada del Orzán, la de *San Pedro*.

Playas de la bahía

Una segunda zona de playas se desarrolla a partir del puente del Pasaje. Lugar que en un próximo futuro se unirá con el puerto mediante un nuevo tramo del «Paseo Marítimo», el de la bahía, un prometedor y panorámico mirador marino.

En Perillo, ayuntamiento de Oleiros, 5 km de La Coruña se encuentra la playa de *Santa Cristina*, formada por una gran lengua de arena dorada y muy fina que a modo de espolón se proyecta separando el mar del río, repartiendo sus riberas ovaladas sobre ambos. Una rápida urbanización atraída por las ventajas veraniegas y el área de ocio circundante, una de las grandes zonas de la movida nocturna coruñesa, colaborando con los embates del mar la fueron recortando a sus actuales proporciones. Varias cafeterías, restaurantes y un hotel en plena playa, muchas más en su radio próximo presentan una buena oferta turística y de diver-

Santa Cristina.

sión, diurna y nocturna. A la playa se llega fácilmente en coche propio, o utilizando los servicios de autobuses. Muy recomendable en verano el utilizar las «motoras» que realizan el trayecto desde la zona de la dársena, nos permitirán disfrutar de un corto pero agradable viaje marítimo: vista de la bahía y de estos arenales que rodeados de un cinturón de verdor y suaves colinas dan al conjunto una atractiva nota pintoresca y de agradable cromatismo.

Santa Cristina es la primera de una serie de playas que se prolongan por esta costa de la ría. A 1 km encontraremos el fino, amplio y seguro *arenal de Bastiagueiro.*

Castillo de Santa Cruz.

Próximo las instalaciones docentes y deportivas del Instituto Nacional de Educación Física (INEF). A 2 Km la *playa de Santa Cruz* con un islote anfibio sobre el que se alza el *Castillo de Santa Cruz*, construido a finales del s. XVI para completar las defensas de la ría y evitar nuevos desembarcos como el ocurrido con Drake pocos años antes. En el siglo siguiente se acrecentó su artillería con una serie de piezas de gran alcance, destacando un cañón de grandes dimensiones que por sus refuerzos ornamentales fue cono-

sus ventanales. El conjunto intenta recrear un palacio-fortaleza medieval, según el deseo de Emilia Pardo Bazán que lo hizo construir a finales del s. XIX. Escalinatas, terrazas con elegantes balaustradas graníticas, jardines y avenidas rodean estas edificaciones que actualmente pertenecen a la familia del anterior Jefe del Estado, que tenía aquí su residencia veraniega. Posee también una capilla neorrománica. En la Torre de la Quimera, bautizada por la propia escritora, se encontraba su estudio y biblioteca.

Torres de Meirás.

cido como el «barroco». Sus obuses superaban los 10 km Posteriormente el castillo perteneció a la condesa de Pardo Bazán y su marido el general marqués de Cavalcanti, que hicieron donación al ejército. Actualmente se realizan gestiones por parte del Municipio para transformarlo en una institución cultural.

Torres de Meirás, también próxima en una desviación anterior a la playa, podremos observar estas tres sólidas y macizas torres almenadas pero elegantes en la distribución y finura decorativa de

Si seguimos unos 12 km llegaremos al *Puerto de Mera* seguido de los tres óvalos que trazan sus playas. Una pista nos lleva al *Faro*, una buena vista panorámica de La Coruña y su ría, cuyo límite lo podemos contemplar en la punta del Seijo Blanco. Próxima la isla de la Marola donde las corrientes dan lugar a un mar nervioso y agitado.

Playas de Lorbé, S. Pedro, Cirro con camping, cafeterías, restaurantes, etc., hasta Sada se continúan próximas a la carretera.

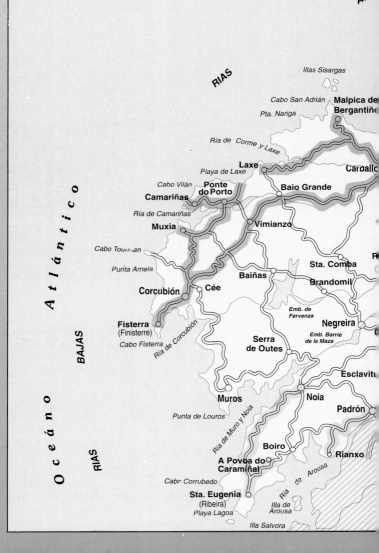

RUTAS PROVINCIALES

1.- SANTIAGO Y LAS RIAS BAJAS

2.- COSTA DE LA MUERTE

3.- EL GRAN ARCO ARTABRO

4.- BETANZOS Y LOS MONASTERIOS

M

ALTA

Océano Atlántico

RIAS

Illas Sisargas

Cabo San Adrián · Malpica de
Bergantiño

Pta. Nariga

Ría de Corme y Laxe

Laxe
Playa de Laxe

Cabo Vilán · Ponte
do Porto · Baio Grande · Carballo

Camariñas

Ría de Camariñas

Muxia · Vimianzo

Cabo Touriñan

Sta. Comba

Punta Arnela · Baiñas · Brandomil

Corcubión · Cée

Fisterra
(Finisterre) · Emb. de
Fervenza · Negreira

Cabo Fisterra · Ría de Corcubión · Emb. Barrie
de la Maza

Serra
de Outes

BAJAS · Esclavitu

Muros · Noia

Punta de Louros · Padrón

Ría de Muro y Noia

Boiro

A Povoa do
Caramiñal · Rianxo

RIAS

Cabo Corrubedo · Ría de Arousa

Sta. Eugenia
(Ribeira) · Illa de
Arousa

Playa Lagoa

Illa Salvora

LA CORUÑA

ESCALA 1:800.000

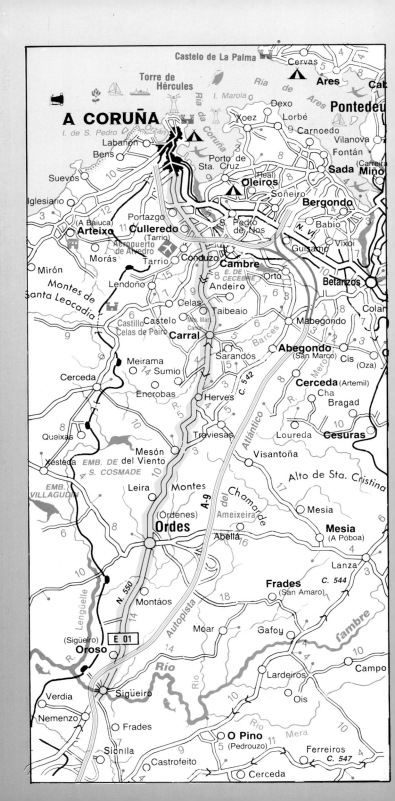

RUTA PROVINCIAL PRIMERA

ITINERARIO 1: LA CORUÑA • SANTIAGO

PUNTOS A VISITAR

1. Vilaboa. Castillo de Torres Taboada.

2. Sigras. Casas señoriales del s. XVIII y XIX y castillo de Celas de Peiro.

3. Pazos de Anceis y Drozo del s. XVII.

4. Monte Xalo
Paraje natural. Buenas vistas. Escuela equitación.

5. Monumento a los mártires de Carral.

6. Central Térmica de lignitos de Meirama.

7. Encrobas. Cotos de pesca. Artesanía de mimbre. Restos y ruinas de iglesia (s. XII) y castillo (s. XIII).

8. Buen mirador sobre el valle de Barcia.

9. Órdenes. Ejemplo de villa itinerante, rica comarca. Buena gastronomía. Quesos, keike típico.

10. Sigüeiro. Antigua mansión romana. Importante puente hoy remozado.

ACCESO	Por la avenida de Alfonso Molina y la carretera N-550

SERVICIOS EN RUTA

Estaciones de Servicio en Carral, Órdenes y Sigueiro

Carral:
• Ayuntamiento. ☎ 67 00 02
• Farmacia: c/ General Franco

Órdenes:
• Ayuntamiento. ☎ 68 00 22
• Farmacias, restaurantes, sucursales bancarias en c/ Alfonso Senra.

SALIDA AL PRÓXIMO ITINERARIO	Entrada a Santiago por c/ San Cayetano

Vista del valle de Herves.

III. RUTAS PROVINCIALES

RUTA 1: SANTIAGO DE COMPOSTELA Y RÍAS BAJAS

ITINERARIO 1: LA CORUÑA · SANTIAGO DE COMPOSTELA

Salimos de La Coruña, por la avenida de Alfonso Molina (Lavedra, antiguamente). Dejamos a la derecha el hipermercado de Continente y el imponente óvalo del «Coliseo» (ver pág. 133) Luego los talleres de Seat-Marineda motor. Pocos metros a la derecha la desviación para Elviña (ver pág. 133). Los indicadores azules de la entrada a la autopista. Si escoge esta ruta, más rápida pero sin nada interesante que observar, salte las líneas siguientes y busque directamente la ciudad de Santiago (también válido si hace el viaje en Ferrocarril). Si ha escogido la ruta de la N-550, siga leyendo. Unos doscientos metros más abajo, la desviación a la derecha hacia Santiago (a 59 km).

Iniciamos la subida a Alvedro. A 5 km aproximadamente llegaremos a *Vilaboa*, tierra de afamado pan y de buena comida, desde donde veremos las solemnes almenas del castillo de Torres Taboada. Siguiendo la pista que sale a la derecha desde el centro del pueblo, llegaremos a la iglesia parroquial, templo románico del s. XII que conserva las puertas y el ábside medieval, perteneciendo prácticamente el resto a la remodelación de principios del s. XIX.

Siguiendo por la N-550, dejamos, a la derecha, la desviación que conduce al aeropuerto de Alvedro. Llegaremos a *Sigrás*, con su pequeño puente sobre un afluente del Mero, y algunas casas señoriales de los ss. XVIII y XIX, como la de Hombre que divisamos sobre una pequeña altu-

ra, y donde nació en 1862 una de las grandes poetisas que dio esta tierra gallega, Sofía Casanova. También podemos visitar la iglesia parroquial de Santiago, un curioso ejemplo de «collage» artístico al irse yuxtaponiendo las sucesivas reformas con el estilo imperante en el momento de las obras, así observaremos características y elementos que van desde el románico (s. XII) hasta el neoclásico (s. XIX). También desde Sigrás torciendo a la derecha y a 6 km podemos acceder a Celas de Peiro y ver su Castillo o recia Torrebaluarte medieval de 12 metros de altura y que pertenecía a la Casa de Andrade. También la pequeña iglesia románica de Santa María.

Ingertos. A unos 12 km, en esta pequeña localidad se le une la antigua carretera del Burgo. A la derecha, entre exhuberante bosque frondoso de corpulentos árboles, el Pazo de Almeiras y el comienzo del valle de Cambre enmarcada por la Torre de Celas en las estribaciones oscuras de los montes Xalo. A la izquierda una carretera nos guiará a Anceis, donde pueden verse los Pazos de Anceis y de Drozo, del s. XVII.

Continuando por la carretera general a tres kilómetros, *Tabeaio*. Torciendo a la derecha en la bifurcación, podemos ir hasta el monte Xalo, donde hace pocos años se intentó acometer un gran centro turístico, con servicios deportivos, escuela de equitación y amplia urbanización, que no llegó a cuajar. Buenas vistas panorámicas desde este rocoso paraje natural.

Carral, a 18 km de La Coruña, núcleo clásico de la vieja Galicia rural, capital de un municipio próspero en agricultura y ganadería, que exhibe en sus ferias los días 4 y 13 de cada mes y su último domingo. Afamado pan que proporciona desconocidas ya

Monumento a los mártires de Carral.

sensaciones gustativas, y buenas empanadas. Pesca en el río Barcés y afluente. Casas blasonadas en sus proximidades. Su principal monumento en la plaza: una sólida cruz granítica, diseñada por el arquitecto Juan Álvarez, inaugurada en 1906 como memorial de los mártires de la revolución gallega de 1846. Durante la llamada «Década Moderada», en el reinado de Isabel II, el general Narváez, impuso un régimen político conservador, de orden rígido y policíaco que coartaba libertades e impedía el ejercicio de la oposición. Éstos, los llamados progresistas, intentaron un pronunciamiento militar para derribar el gobierno moderado. El Coronel Solís derrotado en *Cacheiras* por las tropas gubernamentales del general Concha, será detenido en S. Martín Pinario donde se había hecho fuerte. Trasladado a Carral será juzgado y fusilado con sus principales oficiales, siendo enterrados en el vecino cementerio de Paleo. Era el 26 de abril de 1846 y los mártires de la libertad y de Carral pasaron a formar parte del martirologio liberal y protonacionalista de España, incluso de Europa dos años antes de su gran conmoción política.

Por una carretera a la derecha nos podemos trasladar para una visita, hasta la central térmica de lignitos de *Meirama*, y hasta *Encrobas*, en el ayuntamiento de Cerceda, con buenos cotos de pesca como el de Boy Calvo, y una interesante artesanía de madera y cestos de mimbre. Restos románicos del s. XII en la iglesia de San Román, y ruinas medievales, en el llamado Coto de Guichar, del antiguo Castillo «de las Encrobas», del s. XIII.

Saliendo de Carral atravesamos el puente Lago sobre el río Barcés, afluente del Mero e iniciamos la subida de Herves.

Herves, trayecto de numerosas curvas entre grandes masas forestales que van matizando su colocación según la hora del día, según la orientación de su tierra. Entre aire fresco y oxigenado podemos observar por nuestra derecha el valle de Barcia (por su río, el Barcés) de gran riqueza agrícola que atrajo en otros tiempos a una nobleza territorial y rentista que ha dejado pazos blasonados y escudos heráldicos en las murallas de sus residencias en estas tierras: Pazos de Ribera, de Figueroa, de Villasuso... Bien conservados en general o restaurados, son del s. XVIII. En el Mesón o en el Okey Mirador de Herves, podemos hacer un alto y un descanso contemplativo de este magnífico paisaje natural.

Siguiendo la ruta accederemos al *Mesón do Vento*, el punto más alto entre La Coruña y Santiago (460 m) y divisoria de aguas entre el valle del Tambre al sur y del Mero, que se dirige a la ciudad herculina. Parada en la ruta antigua en estos fríos y descampados parajes, un mesón acogía a los viajeros. Aquí se levantó la emisora repetidora de radio y televisión.

Órdenes, a 35 km de La Coruña, atravesado por la carretera es un claro exponente de las villas itinerarias gallegas: centro de una comarca agrícola, lugar de ferias y mercados de sus productos, y vía de salida comercial y comunicaciones con Santiago-La Coruña. A esto debió la villa su afirmación y expansión. En la calle principal Alfonso Senra y adyacentes se localizan los principales restaurantes y hoteles. Una amplia y abundante gastronomía corrobora esta situación privilegiada en la que compiten los buenos pescados de sus ríos con la calidad de sus carnes. Excelentes también sus hortalizas, sus quesos de tetilla blancos y mantecosos y el «keike» para llevárselos como recuerdo, como algún objeto de su artesanía. Interesante la iglesia parroquial de Santa María de estilo románico, pero reformada en varias ocasiones; y la casa-pazo de Vidueiro. En las cercanías Castro prehistórico de Seisdón.

Bajando de la montaña de Órdenes hacia las tierras bajas alcanzamos **Oroso** en la zona de transición y **Sigueiro** en el llano, posiblemente una mansión romana relacionada con la ría o calzada que conducía de Braga a Astorga, con un puente sobre el Tambre, donde antes estuvo el medieval del s. XIV que mandara construir Fernán Pérez de Andrade. Mucho antes en estos campos combatieron también las huestes del arzobispo Gelmirez contra las de la reina doña Urraca, en una desavenencia de esa relación amor-odio que mantuvieron. Mucho después, en 1846, fueron derrotadas aquí las tropas del coronel Solís, que pocos días después se convertirían en los «mártires de Carral». Hay sobre este humilde puente importantes brumas de la historia gallega.

Dejaremos a la izquierda la carretera que lleva al aeropuerto de Labacolla. El Tambre corre bordeando en la lejanía la ciudad del Apóstol. A la izquierda la silueta triangular del Pico Sacro recortada en el horizonte, lugar ligado a leyendas y tradiciones jacobeas.

Órdenes. Calle Alfonso Senra.

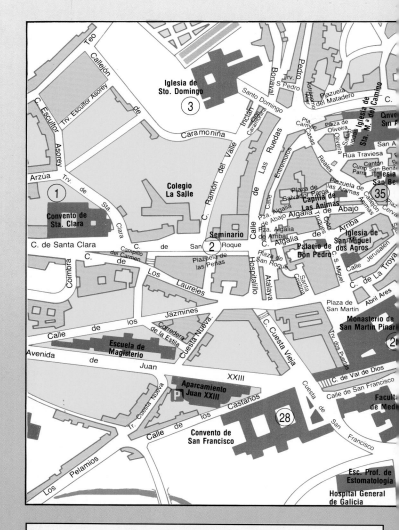

RUTA PROVINCIAL PRIMERA

ITINERARIO 2: SANTIAGO DE COMPOSTELA

PUNTOS A VISITAR

1. Convento de Santa Clara
2. Iglesia de San Roque
3. Iglesia y convento de Santo Domingo de Bonaval. Museo del Pueblo Gallego y panteón de gallegos ilustres.
4. Plaza de Galicia, aparcamiento subterráneo.
5. Puerta Fajera
6. Alameda

7. Iglesia del Pilar
8. Ermita-iglesia de Santa Susana
9. Pazo de Bendaña
10. Rúa del Villar
11. Calle del Franco
12. Capilla de la Traslación
13. Colegio de San Clemente
14. Casa del Deán
15. Casa del Cabildo
16. Plaza de las Platerías
17. Plaza de la Quintana

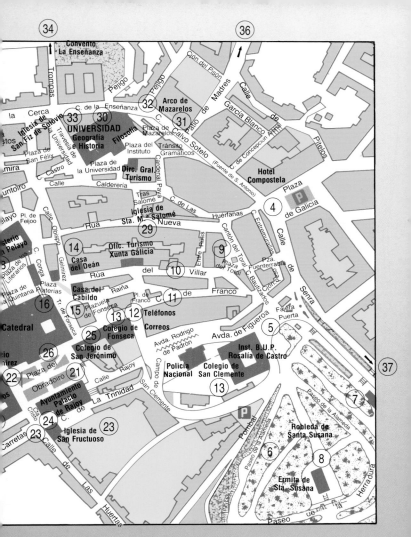

SERVICIOS EN LAS INMEDIACIONES

Restaurantes y hoteles:
Enumeraremos sólo aquéllos destacables por su calidad o tipismo.

En primer lugar la diagonal Franco-Raíña-Fonseca y adyacentes presentan toda la gama vinícola y gastronómica. Puede consultar las cartas de menú y precios en sus puertas, penetrar en su interior y escoger aquél que más le convenza.

Tiene también restaurantes cualificados en:

• Alameda
Puerta Fajera, 15. ☎ 58 47 96
• Asesino
Pza. de la Universidad, 16.
☎ 58 15 68
• Fornos
Pza. Galicia. ☎ 56 57 21
• Don Gaiferos
Rúa Nueva, 23. ☎ 58 38 94
• Huerta
Huertas, 16. ☎ 56 19 79
• Tacita de oro
Gral. Franco, 31. ☎ 56 20 41
• Vilas
Rosalía Castro, 88. ☎ 59 10 00
• Vila (Anexo)
Avda. Villagarcía, 21.
☎ 59 83 87

Hoteles:
• Parador Nacional Reyes Católicos ***** Plaza de España. 137 habitaciones. ☎ 58 22 00
• Araguaney *****
Alfredo Brañas, 5. 65 habitaciones. ☎ 59 59 00
• Compostela ****. Hórreo, 1. 99 habitaciones. ☎ 58 57 00
• Peregrino ****
Rosalía de Castro, s/n
150 habitaciones. ☎ 59 18 50
• Los Tilos **** Ctra. de la Estrada, km 2.
92 habitaciones. ☎ 59 77 00
• Gelmírez *** Hórreo, 92. 138 habitaciones. ☎ 56 11 00
• Santiago Apóstol ***.
Puente de S. Lázaro. 98 habitaciones. ☎ 58 71 99
y toda una gama menor pero de cuidada calidad, fácil de conocer sobre la marcha.

SALIDA A LA PRÓXIMA ZONA

RUTA 1: SANTIAGO DE COMPOSTELA Y RIAS BAJAS

ITINERARIO 2: SANTIAGO DE COMPOSTELA

Por San Cayetano alcanzamos la ciudad que el transcurrir del tiempo, la fe de los pueblos, el sacrificio de los peregrinos, la oración de hombres y mujeres, hicieron ecuménicos los granitos dorados de Compostela, aquí el verbo se hizo piedra, luz y arte del Occidente cristiano en los siglos medievales.

Breve historia de la ciudad

Durante la Edad del Bronce, época de castros que pueblan este territorio, se producen las primeras noticias arqueológicas. Pero será el culto jacobeo la piedra angular sobre la que se construya la ciudad, el proceso de Cristianización de Galicia y el de occidentalización del norte de la Península. El Camino de Santiago fue el gran eje difusor de la cultura europea del románico y del gótico, flujo de ideas atraídas por la fe, expansión de nuevas formas de vida.

Un eremita, Pelayo, redescubre los restos del Apóstol traído y enterrado por sus discípulos desde Jaffa, donde había sido decapitado por orden de Herodes. El rey de Asturias Alfonso II, llamado por el obispo Teodomiro, hace levantar en el 813 un templo para acoger estas santas reliquias, hace de Santiago Santo Patrón de su reino, y le concede a su iglesia un territorio de tres millas de entorno. Primer perímetro del nuevo núcleo que se irá construyendo. Poco después se traslada a estos lugares la Sede Episcopal de *Iria Flavia*, huyendo de la amenaza vikinga, consolida el nuevo papel diocesano de esta ciudad. En el 899 se consagra el nuevo templo construido por el rey leonés Alfonso III. Ramiro II tras la victoria de *Simancas* (939) frente a los musulmanes, en la que el Apóstol, se dice y como antes en *Clavijo*, tuvo un papel protagonista, crea el «Voto de Santiago», y otorga un importante tributo a su iglesia, que se cobraría en Galicia, León y en parte de Castilla, siendo la base de su futura riqueza. Ciudad y Sepulcro-iglesia unidas indisolublemente tendrán ya un destino y un papel común. Tras las campañas guerreras de Almanzor, que llega a saquear la urbe el 11 de agosto del 997, se produce desde el s. XI un proceso de afirmación y fuerte impulso urbano: Diego Peláez comienza a edificar la nueva y magna catedral románica, y un nuevo poderío político se consolida bajo el arzobispo Gelmírez (1100-1140).

En la segunda mitad del s. XII se funda la Orden Militar de Santiago y en 1182 se celebra el primer año de su jubileo. Los reyes de León suelen coronarse y enterrarse en Compostela, que con Roma y Jerusalén irradian su esplendor religioso a través de sus caminos de romeros, de palmeros y de peregrinos. Mitra, nobleza, irmandiños y burgueses, se enfrentan durante los siglos siguientes por la posesión y el usufructo de ese poder. Seguirá la pacificación de los Reyes Católicos o la «doma y castración del Reino de Galicia» en palabras del cronista Zurita, señores y burgueses dominados, afirmación del señorío eclesiástico, fiel aliado desde entonces a la Corona, y la creación de la Universidad. Santiago añade a su primacía religiosa, su nuevo papel como foco cultural de Galicia, y una fuerte competencia política con La Coruña.

Son los tiempos en que Drake amenaza las costas gallegas. El arzobispo Juan de San Clemente

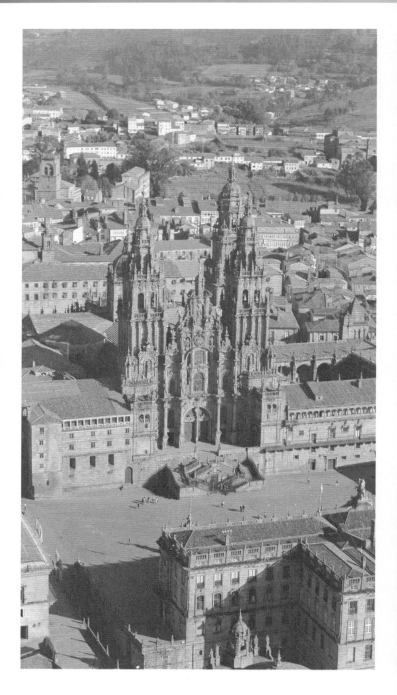

Santiago de Compostela.

ordena esconder los restos apostólicos. El secreto queda tan oculto que se olvida su paradero. Un nuevo momento de esplendor se producirá en los tiempos del barroco, que deja amplia huella artística en la ciudad. El siglo XIX marcará un fuerte retroceso decadente. Los nuevos tiempos liberales hicieron a los eclesiásticos recelosos de los políticos progresistas, y un apoyo del orden absolutista y monárquico. El triunfo de las libertades constitucionales, enquistó la ciudad en su papel religioso y universitario, vuelta hacia su pasado, encastillada en lo tradicional. La desamortización desintegró sus rentas, la crisis y las exclaustraciones sacudió a sus miembros. Valle Inclán decía «de todas las rancias ciudades españolas, la que parece inmovilizada en un sueño de granito, inmutable y eterno, es Santiago de Compostela...». En tiempos del cardenal Payá y Rico, las excavaciones llevadas a cabo por López Ferreiro reencuentran en 1879 las reliquias perdidas del Apóstol, pero no se recupera el antiguo ecumenismo europeista. La mitra y su clero siguen aferrados políticamente a los integrismos carlistas. Los intentos de renovación tanto universitaria y cultural se producen en un ambiente negativo. Será durante la Segunda República cuando se concreticen todas estas aspiraciones contenidas, que volverán a reconquistar un nuevo espacio a partir de 1979 en el Estatuto y la Capitalidad Gallegas.

Ciudad que debió su historia gloriosa al hallazgo de un sepulcro (el *Cronicón Iriense* del s. XII, deriva su nombre de un *compositum*, o Amor Ruibal de un «componerse», ambos hacen referencias a enterramiento) que fue trascendental exponente de fe y devoción y compendio artístico y monumental de estilos que fundió en sus granitos, que creó un camino de ideas y creencias que dieron identidad a Galicia y carácter a la Europa medieval, por todo ello la UNESCO catalogó a esta urbe como uno de los bienes del Patrimonio Cultural de la Humanidad.

Recorrido principal por la ciudad

Llegando a la ciudad por la calle de San Cayetano, dejaremos a nuestra izquierda los edificios administrativos de la Xunta de Galicia y la Estación de Autobuses; la calle de los Basquiños nos guiará al Convento de Santa Clara.

Convento de Santa Clara: Se piensa que su origen está ligado a una fundación de la reina doña Violante, esposa de Alfonso X *el Sabio*, para crear un convento de religiosas franciscanas. Fue reedificado casi en su totalidad entre finales del s. XVII y comienzos del s. XVIII.

Su *fachada*, el elemento arquitectónico más importante, fue proyectada por Simón Rodríguez. Es una pseudofachada o fachada telón, que no se corresponde con el edificio, del que está separada

Convento de Santa Clara.

por un jardín y otra sencilla pero auténtica fachada. Es, pues, una muestra de ese juego teatral, de sorpresa y deslumbramiento, del arte barroco, que encubre en estas superficies ricas en ornamentación la escasez de medios económicos que se manifiestan en el resto del edificio.

Su *decoración* curvilínea y de ascendente dinamismo, con placas y salientes, coronada por un potente cilindro, que juega con un efecto de ilusión de ruptura de gravedad, materializa la mejor tradición del espléndido barroco gallego.

Interior con altares churriguerescos, retablo de Domingo de Andrade de principios del s. XVIII y un bello y elegante púlpito granítico del s. XV.

Siguiendo por la calle de San Roque y torciendo por la cuesta de las Ruedas, en la esquina la iglesia de San Jorge.

Iglesia de San Jorge

Un austero edificio renacentista de mediados del s. XVI, utiliza-

do originariamente como hospital de caridad, y actualmente como residencia del Obispo auxiliar y Seminario.

Al final, a la derecha la puerta del Carmen de las antiguas murallas urbanas, hoy desaparecidas. A la izquierda y al final de su corta calle la iglesia de Santo Domingo.

Iglesia y convento de Santo Domingo de Bonaval

Sede también del *Museo del Pueblo Gallego*, del *Museo Municipal* y del *Panteón de Gallegos Ilustres*.

Fundado en 1219 por Domingo de Bonaval es una artística muestra de la arquitectura ojival. El *interior* de la iglesia conserva gran parte de la estructura del s. XIV, su planta basilical de tres naves, tres ábsides y elegantes arcos. En la nave norte se abre una capilla destinada a «*Panteón* de Gallegos Ilustres» (Rosalía, Alfredo Brañas, Cabanillas, V. Asorey, Castelao), también se puede observar la estupenda talla del Cristo del Desenclavo, obra de Ferreiro. La capilla de Nuestra Señora del Ro-

Santo Domingo de Bonaval.

sario, barroca, en la nave sur y la capilla de San Jacinto cubierta con cúpula granítica, obra de Gaspar de Arce.

El *exterior* del edificio conventual, sus fachadas, pertenece a las reformas de ampliación según proyecto de Domingo de Andrade de finales del s. XVII, autor también del prodigio técnico y visual de la triple escalera de caracol en un ángulo del amplio claustro, obra de Leonell de Avalle, es también de este siglo.

En las dependencias conventuales tiene su sede el *Museo del Pueblo Gallego*, y el Museo Municipal. En sucesivas salas se mues-

Museo del Pueblo Gallego. Sala de Embarcaciones.

tran aspectos y materiales que intentan abarcar todos los ámbitos de la cultura gallega. Puede visitarse de lunes a sábado de 10 a 13 h y de 16 a 19 h. El mundo del mar, del campo, las formas del trabajo artesanal y sus principales productos, ajuar, vivienda, esparcimiento y sus dimensiones históricas.

La arteria Virgen de la Cerca-Calvo Sotelo nos guiará hasta la **plaza de Galicia**, con un cómodo y estratégico aparcamiento subterráneo, que ayuda a resolver uno de los graves problemas de tráfico urbano. El resto del recorrido debe hacerse, pues, a pie. Todo queda cerca, también puede sentirse, captarse mejor. El

edificio reformado del hotel Compostela, que imita aires de fortaleza, fue la antigua sede de la Inquisición compostelana hasta su desaparición en el s. XIX. Enfrente al Café Derby, pequeña reliquia del carácter y nostalgia de otros tiempos. Por la calle de la Senra, torciendo al final a la derecha, llegaremos a la puerta Fajera.

Puerta Fajera, antigua entrada al recinto urbano. Enfrente un amplio recinto forestal, auténtico parque, pulmón y sombra de la ciudad.

La Alameda, con amplios paseos de viejo arbolado que se va cerrando en forma de herradura (paseo de los Leones) en torno a lo que pudo ser un antiguo castro, hoy ocupado por el robledal o carballeda, y la **iglesia de Santa Susana**. Este templo es una de las parroquias que creó el arzobispo Gelmirez a principios del s. XII, sobre una ermita anterior, y que únicamente conserva parte de la puerta oeste, ya que fue reedificada en el s. XVIII. Interesante retablo en el altar mayor. El entorno era el campo de la antigua feria de ganado antes de trasladarse a sus actuales instalaciones. Enfrente, tras la estatua de Rosalía, el «Mirador de la Herradura», una buena visión panorámica del *campus* universitario, al que se desciende por amplia y elegante escalera abalaustrada.

El paseo de la Alameda fue diseñado a mediados del s. XIX. A la izquierda unos jardines con estanques que acogen la sólida figura broncínea del almirante Méndez Núñez, es ejemplo del fervor patriótico que despertó en estos años el «Héroe del Callao».

Iglesia del Pilar, de estrecha fachada barroca (1717) bien realizada en sillería granítica, cuenta con un buen retablo, obra de Romay. Púlpito con importante obra de talla.

Rúa del Villar.

Calle del Franco.

Subiendo por la calle Bautizados o la paralela desembocaremos en la plaza del Toral, donde podremos ver el pazo de Bendaña.

Pazo de Bendaña, palacio del s. XVIII, barroco de transición cuyo proyecto se debe a Fernández Sarela. Austeridad y equilibrio en esta fachada engalanada con las balconadas de artísticos hierros forjados, con el escudo de los marqueses, que corona un Atlas que sostiene una bola terráquea, que según reza una popular tradición dejará caer cuando atraviese la plaza la primera persona inocente...

Rúa del Villar, calle que nos acompañará con su ambiente y carácter hasta el templo jacobeo, siguiendo su línea asoportalada, de ritmos protectores que nos muestran la arquitectura doméstica tradicional, sus librerías, sus comercios y productos típicos, el deambular estudiantil. Sus escudos heráldicos, sus emblemas, el empaque de sus granitos artísticos, la historia y el esplendor de otros tiempos. Dejamos a nuestra derecha, tras una de las calles más estrechas del mundo, el ca-

llejón Entre Rúas, la Oficina de Turismo. A la izquierda, otro callejón nos permite el acceso a la **calle del Franco,** rúa medieval de mercaderes y hosteleros que conserva hoy como uno de los ejes gastronómicos de la ciudad: vino, tapeo, restaurantes, ambiente desenfadado. A la izquierda en el término de la calle, el edificio de Correos y Telégrafos, con una portada renacentista del s. XV. Más adelante, en la calle Fonseca una pequeña capilla a la derecha, la de *la Traslación,* lugar que la tradición legendaria identifica con el depósito de los restos del Apóstol, cuando los toros que tiraban del carro se pararon milagrosamente. Enfrente el **Colegio de San Clemente**, con su escueta y elegante fachada renacentista, fundado por el arzobispo de este nombre comenzó a funcionar a la segunda mitad del s. XVI como Estudio General de Teología, gracias también a las bulas papales y al apoyo del rey Felipe II: nuevas facultades que iban afirmando la recién creada universidad. Interesante vestíbulo de entrada con el Salón artesonado a la derecha que era el antiguo refectorio o comedor del Colegio, enfrente la capilla, amplio claustro plateresco dividido en dos cuerpos con remate de elegante crestería. Fue posteriormente sede de la Facultad de Farmacia, luego del Parlamento de Galicia, hasta su reciente traslado a las nuevas dependencias del Hórreo.

Hacia la catedral.

Retrocediendo un poco, por la plaza del Franco retomaremos la Rúa del Villar que desembocando en la plaza de las Platerías aparece, enmarcada por la Casa del Deán y la del Cabildo a derecha e izquierda.

Casa del Deán. Ejemplo suntuoso del palacio compostelano y del poder eclesiástico en el s. XVIII. Realizado entre 1747-1752 según proyecto de Clemente Fernández Sarela, para alojar a los obispos forasteros que visitaban la ciudad, más tarde fue vivienda del Deán. Una artística fachada donde el claroscuro de los juegos curvilíneos de sus molduras y placas crea un poderoso efecto dinámico y estético en este edificio barroco, uno de los más bellos de la ciudad.

Casa del Deán.

Casa del Cabildo. Levantada por el mismo arquitecto anterior, en un solar de poca profundidad como marco de la plaza, y por ello su gran montaje escenográfico más ornamental que funcional, va a ser fachada o retablo de uno de los más originales espacios urbanos de Occidente.

Y llegamos a la Catedral. Aparece rodeada por cuatro amplios conjuntos o grandes plazas, obra del barroco, que busca la ponderación de espacios y masas arquitectónicas para alcanzar nuevas perspectivas, juegos escenográficos y deslumbramientos estéticos. Cuatro plazas, azabache y plata que son como el Norte y Sur, la noche y el día de su eje polar; Cementerio y Caridad Este y Oeste, su otro eje, del Levante al Poniente.

Podemos rodearlas:

Plaza de Platerías, por los establecimientos de los gremios de orfebres y plateros que ocupaban los arcos de la planta baja del edificio del tesoro catedralicio, cuya fachada renacentista podemos apreciar a la izquierda, obra de Rodrigo Gil de Hontañón, que se corona con la torre del Tesoro, pirámide escalonada de singular belleza y perfecto cierre de la plaza. Fuente de los Caballos, gran escalinata, imponente torre del Reloj de Domingo de Andrade.

Plaza de la Quintana, impresionante espacio granítico que aparece enmarcado por la torre del Reloj y puerta Santa, escalinatas y la línea de cornisa que establece la casa de la Parra, el convento de San Payo (Pelayo) y a nuestra espalda las clasicistas arcadas de la casa de los Canónigos o de la Conga, obra de Domingo de Andrade a principios del s. XVIII.

Hasta el s. XVIII era cementerio, por ello el antiguo nombre de «Quintana de Muertos».

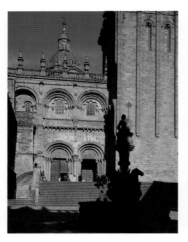

Plaza de Platerías.

Plaza de la Quintana.

San Martín Pinario.

Bordeando la Catedral (podremos apreciar el ábside prerrománico de la capilla de la Corticela) llegaremos a la Azabachería.

Plaza de la Azabachería, por su especial localización del gremio de los azabacheros. El azabache, lignito fosilizado, se presta bien a la talla, y pulimento, para la confección de recuerdos jacobeos de peregrinos. Su colorido negro profundo permite bellos reflejos, y fue entre el pueblo deseado por creer que poseía virtudes mágicas.

La fachada norte del templo fue reedificada por Lucas Ferro Caaveiro a mediados del s. XVIII. En ángulo el neoclásico palacio Arzobispal. Enfrente monasterio de San Martín Pinario.

Monasterio de S. Martín Pinario. Fundado en el s. IX por monjes benedictinos, será ampliado y reedificado en los ss. XVI y XVII. De este último la escalinata, cuerpo central de la fachada y claustro de las Procesiones (inmediato a la entrada) de F. Casas y Novoa. Interesantes dependencias monásticas y escalera interior (a la izquierda de la entrada). Monumental *iglesia*: artística escalera y fachada e interior con grandioso retablo churrigueresco proyectado por Fernando de Casas y realizado por Miguel de Romay (1730-1733), y en su parte posterior el magnífico coro monacal con tallas maestras. También en la interesante sacristía.

Bajando por el arco del Arzobispo, desde la Azabachería, accedemos a una de las maravillas arquitectónicas y estéticas del ar-

Plaza del Obradoiro.

te mundial y una de las más famosas y conocidas plazas europeas.

Plaza del Obradoiro. (o de España en la actualidad, antiguamente del Hospital) que se encuentra rodeada por cuatro monumentos de primer orden. La fachada oeste de la Catedral en estilo barroco, en ella trabajó Peña de Toro (torre de las campanas) y sobre todo Fernando Casas y Novoa, que hizo el cuerpo central cuyo ventanal, el espejo, es el mayor de los realizados hasta la aparición del hierro y hormigón, como también la torre de la carraca. Se accede desde aquí por una imponente escalinata al pórtico de la Gloria. Se encuadra entre el *palacio de Gelmírez* y el exterior del claustro-museo de la Catedral. El de Gelmírez, construido en 1120, es una de las obras más representativas de la arquitectura civil medieval. A mediados del s. XIII se construyó en su interior el gran refectorio o comedor, de más de 30 m de longitud, bajo amplias arquerías que descansan sobre ménsulas y capiteles decorados con motivos de banquetes. En el s. XVIII se refor-

Hostal de los Reyes Católicos.

mó parte de la fachada. La última planta fue añadida a mediados de nuestro siglo. A la izquierda el *Hospital Real* (hoy Parador de los Reyes Católicos), fundado para atender a peregrinos. Su arquitecto fue Enrique Egas, que dispone un conjunto de cuatro patios, en el centro la capilla para que se pudiese oír misa desde todos los pabellones. En su entrada se conserva la rejería original del s. XVI. La fachada es de estilo

Palacio de Gelmírez.

Palacio de Raxoi.

plateresco con los balcones barrocos (añadidos más tarde). Sobre el borde izquierdo podremos ver la fachada de la *iglesia de S. Fructuoso* con planos de Ferro Caaveiro el edificio de 1774, con monumental estructura expresa el fulgor del último barroco gallego. Sobre la cornisa las estatuas de las virtudes teologales: Prudencia, Justicia, Fortaleza y Templanza. Gran escudo nacional. Luego está el *pazo de Raxoi* (hoy Ayuntamiento), neoclásico, realizado a finales del s. XVIII. A la izquierda el colegio de San Jerónimo, tiene una portada románica aprovechada de un edificio anterior. El colegio es del s. XVII.

Actualmente es la sede del Rectorado universitario.

La gran escalinata central nos traslada a la puerta oeste catedralicia, al pórtico de la Gloría.

Pórtico de la Gloria, que en sus tres arcos nos presenta una síntesis del espíritu cristiano medieval. Entre el viejo y el nuevo Testamento, profetas y apóstoles se alza el tema de la Gloria y el Juicio Final. Suma del arte románico se eleva como una extraordinaria obra maestra.

A la derecha la capilla de las Reliquias donde se guarda, entre otros tesoros, una custodia de plata obra de Antonio de Arfe, y la cabeza en plata de Santiago el Menor. Gran claustro y museo digno de visitarse por su colección de tapices y su orfebrería religiosa.

El templo tiene planta de cruz latina, tres naves en el brazo mayor y otras tres en el del Crucero. las naves centrales se cubren con bóveda de cañón y de aristas las laterales, sobre las que se abre una tribuna, según el modelo de iglesia de peregrinación del «Camino de Santiago».

Bajo el altar mayor está la Cripta con la urna de plata que contiene los restos del Apóstol y de sus discípulos Anastasio y Teodoro. Una escalinata superior

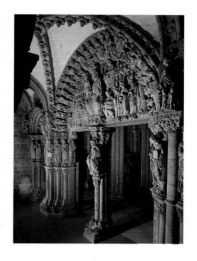

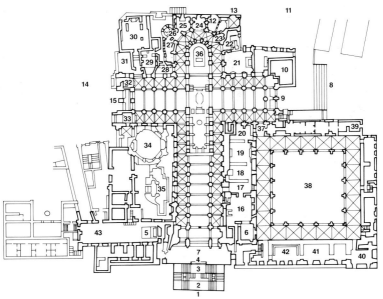

Santiago de Compostela, Catedral: 1. Plaza de España o Plaza del Obradoiro.—**2.** Escalinata (1606).—**3.** El Obradoiro.—**4.** Tímpano (siglo XIV) y puertas de madera (1610).—**5.** Torre de la Carraca.—**6.** Torre de las Campanas.—**7.** Pórtico de la Gloria (concluido en 1188).—**8.** Plaza de las Platerías.—**9.** Pórtico de las Platerías.—**10.** Torre del reloj.—**1..** Plaza de la Quintana.—**12.** Puerta Santa (1611).—**13.** Puerta Real.—**14.** Plaza de la Azabachería o de la Inmaculada.—**15.** Pórtico norte/Puerta de la Azabachería.—**16.** Capilla de las Reliquias.—**17.** Vestíbulo (acceso a 16 y 18) con estatua ecuestre.—**18.** Capilla de San Fernando (cámara del Tesoro).—**19.** Sacristía.—

21. Capilla del Pilar.—**22.** Capilla de Mondragón.—**23.** Capilla de San Pedro.—**24.** Capilla del Salvador.—**25.** Capilla de Nuestra Señora Blanca.—**26.** Capilla de San Juan.—**27.** Capilla de San Bartolomé.—**28.** Capilla de la Concepción.—**29.** Capilla del Espíritu Santo.—**30.** Capilla de Corticella.—**31.** Capilla de San Andrés.—**32.** Capilla de San Fructuoso.—**33.** Capilla de Santa Catalina.—**34.** Capilla de la Comunión o del Corazón.—**35.** Capilla del Cristo de Burgos.—**36.** Capilla mayor.—**37.** Ingreso al claustro.—**38.** Claustro.—**39.** Torre del Tesoro.—**40.** Torre de la Corona.—**41.** Sala capitular.—**42.** Biblioteca.—**43.** Palacio de Gelmírez.

permite el abrazo a su busto. Por el deambulatorio, interesante capillas-absidiolos y puerta Santa.

Indicaremos brevemente otros puntos importantes para ser visitados.

Convento de San Francisco

Se llega rápidamente siguiendo la calle de su nombre, podremos observar el lateral del parador

Reyes Católicos, Facultad de Medicina; enfrente la gran muralla este de S. Martín Pinario. Su fundación se atribuye al propio Francisco de Asís en su peregrinación jacobea en el año de 1214. Sólo los cinco arcos del claustro principal recuerdan esta construcción gótica. Fue reedificado y ampliado en los ss. XVII y XVIII. La *iglesia* barroca, con importante fachada e interior, de Simón Ro-

Interior de la Catedral.

San Francisco.

Casa de las Pomas.

dríguez. En la parte delantera monumento de S. Francisco obra de Asorey, el gran escultor gallego de la primera mitad de nuestro siglo.

Zona Universidad

Si nos dirigimos por la Rúa Nueva aprovecharemos para detenernos en la *Iglesia de Santa María Salomé*, construida en tiempos del arzobispo Gelmírez en el s. XII, que sufrió alteraciones y modificaciones posteriores. Conserva de aquella época la portada con arco de medio punto y una cruz sobre el *Agnus Dei*, que actualmente corona el testero de la capilla principal. Figuras góticas en su portada: la Virgen con el Niño y la Anunciación. En su interior dos pequeñas capillas ojivales. La Torre, con múltiples influencias mezcladas, fue levantada en 1743 por José Crespo. Esta iglesia estaba reservada como refugio en caso de persecución. A ella se acogieron el propio Gelmírez y la reina doña Urraca cuando fueron perseguidos por el pueblo compostelano.

En la misma calle presencia de casas blasonadas, de los antiguos

Universidad.

palacios de la nobleza urbana. En el n.º 12 la *casa de las Pomas*, atribuida a Domingo de Andrade, que aparece decorada con sartas de frutas que recorren las dos pilastras que enmarcan su fachada. En el n.º 40 el *palacio de Santa Cruz*. En el n.º 44 el *palacio de Ramirás*.

En la pequeña calle Tras de Salomé, en un edificio con su planta baja recorrida por arcadas renacentistas decoradas con me-

Arco de Mazarelos.

San Agustín.

dallones platerescos, en las enjutas, que reformas posteriores han ocultado en parte, adivinamos un nuevo palacio del primer tercio del s. XVI, atribuido a Rodrigo Gil de Hontañón.

Universidad. Con gran fachada neoclásica de finales del s. XVIII. Sobre la cornisa del pórtico cuatro grandes estatuas representando a los principales benefactores de la institución. Cuenta con un amplio claustro al que dan las dependencias universitarias. Importante biblioteca.

Iglesia de la universidad, construida en el s. XVII para la Compañía de Jesús, por eso las estatuas de la fachada, S. Ignacio y S. Francisco Javier, fueron transformadas en S. Pedro y S. Pablo a raíz de la expulsión de los jesuitas y la cesión del templo a la Universidad.

Arco de Mazarelos. La única puerta conservada en la actualidad del antiguo recinto amurallado de la urbe. Ya hemos visto el recuerdo vivo de algunas de las restantes, más arriba. Dice el Códice Calixtino que por esta puerta se introducía el vino en la ciudad.

Vino que según Álvaro Cunqueiro, al son de las campanas compostelanas, mejora y madura.

Convento de las Mercedarias. Obra de D. Romay entre 1673-1683, con una bella fachada barroca. Posee en su interior algunas imágenes interesantes atribuidas a Ferreiro, Nuestra Señora de la Merced y la de S. Ramón, y una artística cúpula.

En dirección opuesta, en la travesía de la Universidad encontraremos la iglesia de San Félix.

Iglesia de San Félix de Solovio. La más antigua de la ciudad. Su origen es una ermita que se encontraba rodeada por un cementerio. Fue Pelayo el eremita que encontró el sepulcro del Apóstol. Destruida por Almanzor, reconstruida por Gelmírez en 1122, tuvo una última reedificación en el s. XVIII. Conserva el tímpano románico de comienzos del s. XIII que representa la Adoración de los Reyes y tiene influencias mozárabes; la cruz cumial y un sepulcro del s. XV.

En la parte posterior se nos ofrece un mirador sobre la calle de la Enseñanza. Abajo el *Convento* de este nombre fundado por el arzobispo Rajoy como colegio de señoritas nobles, a principios del s. XIX. Estilo neoclásico. Planta de la iglesia de Cruz griega con gran cúpula. Bajando por la calle de Las Trompas (con su peligroso desnivel) llegaremos al convento de Belvís.

Convento de Belvís. Del s. XIV, reconstruido en el s. XVII por F. Casas y Novoa. Grandioso en proporciones y severo en espíritu. Gran cúpula de piedra en su iglesia. Buena vista panorámica.

Próxima a S. Félix la Plaza de Abastos, trazada en un estilo ecléctico, neorrománico, en nuestro siglo.

Convento de S. Agustín. construido a mediados del s. XVII para los monjes agustinos. Abandonado en el s. XIX en la época de la Desamortización. A principios de este siglo se instalaron en él los jesuitas. La fachada es neoclásica.

Subiendo hacia la plaza de Cervantes, la *iglesia de S. Benito*, primitivo templo románico reconstruido a finales del s. XVIII, conservando de su origen el grupo escultórico de la Adoración de los Reyes y otro gótico del s. XV.

Por la calle de Casas Reales: *iglesia de las Ánimas* y casonas blasonadas enfrente: *palacio de Fondevila* proyectado por Fernández Sarela, típico palacio urbano del s. XVIII. Con remate como solución de esquina para la colocación del escudo emblemático. A su lado otra casa noble del s. XV. Ejemplos comparativos de dos épocas.

Colegiata y museo de Santa María del Sar

Debemos ir en coche. Si tomamos por Patio de Madres hacia la calle Sar, llegaremos directamente. Al fondo la silueta maciza del Pico Sacro. En las afueras de la ciudad fundó en 1134 D. Munio Alfonso, obispo de Mondoñedo, esta original iglesia, hoy uno de

Santa María del Sar.

Museo de La Colegiata.
Cálices, S. XVIII-XIX.

los monumentos de mayor atractivo de la ciudad.

El arzobispo Gelmírez estableció en ellas un monasterio de Canónigos de S. Agustín. Es en la actualidad una parroquia. El terreno fangoso, en las inmediaciones del río Sar en el que está enclavado el templo unido posiblemente a un mal cálculo en el contrarresto de su bóveda motivaron una desviación de sus columnas, arcos y bóvedas que producen un peculiar efecto. Temiendo un derrumbamiento se le apuntaló lateralmente con sólidos contrafuertes y arbotantes en el s. XVIII.

De planta basilical, de tres naves y tres ábsides. Se cubre con bóvedas su medio cañón, rehechas en el s. XVI posiblemente a causa de sus problemas y que hoy aparecen incorporadas a su estética y a su atractivo. Tiene tres portadas de arquivoltas semicirculares sobre columnas acodilladas en las jambas. No se han conservado sus tímpanos, pero sí una pila bautismal, importante pieza arqueológica del s. XII.

Tiene un pequeño pero interesante claustro románico, del que sólo se conserva un lienzo adosado a la iglesia, el resto es barroco de los ss. XVII y XVIII. Tanto en él como en la iglesia interesantes sepulturas con estatuas yacentes.

En 1975 con los objetos litúrgicos y los restos hallados en el templo y sus alrededores se formó el primer fondo de su *Museo*. Variedad de materiales que abarcan desde la documentación del templo, piezas Sacras y obras escultóricas, sin olvidar la propia fábrica del templo y su claustro.

Monasterio de Santa María de Conjo (Conxo)

Antiguo monasterio benedictino fundado en 1129 por el arzobispo Gelmírez, el primero de monjas que hubo en Galicia. Su leyenda lo enlaza con los milagros del Camino de Santiago. Un peregrino noble llamado Almerico Canojio fue asaltado y muerto cerca de la ciudad. Su prometida, Rusuida, emprendió el camino jacobeo para hallar su cuerpo. Al llegar a este lugar, el vuelo de las palomas abatiéndose al lado de un río, le señalaron dónde su amado había exhalado su último suspiro. Renuncia al mundo y allí quiere profesar en un futuro monasterio. Por eso derivando del asesinado Canojio el nombre de Conjo. La protegió el arzobispo y cuando la comunidad se trasladó en el s. XV al de San Pelayo de Antealtares, fue ocupado por la orden de la Merced. Tras la Desamortización, en la segunda mitad del s. XIX, se transformó en el Manicomio de Conjo, hoy es el Sanatorio Psiquiátrico de la Diputación Provincial, aquél que había nacido de una locura de amor.

De la originaria construcción permanecen tres lienzos del claustro. Su actual iglesia fue construida en el s. XVII. Interesantes tallas en su interior: Virgen de las Angustias del s. XII, el famoso Cristo de Gregorio Fernández y el Santiago Peregrino de Ferreiro.

En su legendario bosque de robles centenarios tuvo lugar en 1856 el famoso banquete de Conjo, embrión del llamado renacimiento literario y nacionalista de Galicia.

Monumento a Rosalía de Castro.

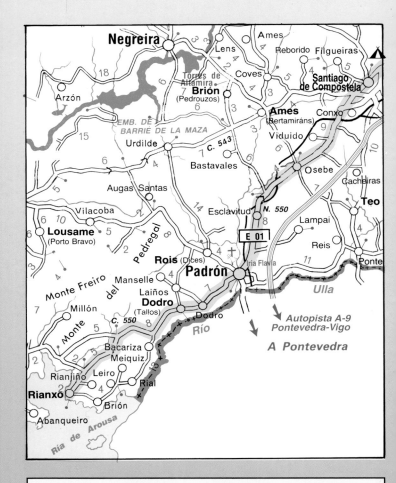

RUTA PROVINCIAL PRIMERA

ITINERARIO 3: SANTIAGO • PADRÓN • RIANXO

PUNTOS A VISITAR

1. Santuario de la Esclavitud.
Barroco finales s. XVII. Buenos retablos en el interior.

2. Iria Flavia
Importante localidad romana. Hoy parroquia absorbida por Padrón. Importante templo del s. XIII, sobre otro más antiguo. Cementerio de Adina, muestrario restos arqueológicos (s. VIII-X). Museo Parroquial y Fundación C. J. Cela en la Casa de los Coengos.

3. Padrón
Villa carácter monumental. Convento del Carmen y Franciscano en Herbón. Paseo del Espolón. Museo Rosalía. Ermita de Osantiaguiño do Monte.

4. Torres de Catoira

5. Rianxo
Villa marinera de pasado señorial. Capilla de la Virgen de Guadalupe. Pazo Martelo. Importante iglesia gótica.

ACCESO	Avenida Rosalía de Castro y carretera N-550 (dirección a Pontevedra).

SERVICIOS EN LA RUTA

Esclavitud:
Restaurantes:
- Reina Lupa, Bellavista, Milagrosa.

Padrón:
- Estación Servicio
- Ayuntamiento. ☎ 81 04 51
- Farmacia. Lestrove, 61
- Talleres y recambios. Ctra. La Coruña-Vigo s/n

Rianxo:
Farmacias:
- Cruceiro, 31 y Plaza J. Antonio, 5
- Hostal Barela (25 hab.) Rua do Medio, 33.
- Ayuntamiento. ☎ 86 06 01
Restaurantes:
- Feliciano, Casa Pachín, Casa Pancho.

SALIDA AL PRÓXIMO ITINERARIO	Ctra. N-550 hacia Puebla del Caramiñal.

Rianxo. Playa de Tanxil

RUTA 1: SANTIAGO DE COMPOSTELA Y RÍAS BAJAS
ITINERARIO 3: SANTIAGO · PADRÓN · RIANXO

Siguiendo la N-550 (Santiago-Pontevedra) por la avenida Rosalía de Castro, recorreremos los veinte kilómetros que la separan de Padrón.

Atravesamos el puente de La Rocha, cerca existía una torre baluarte de la mitra compostelana, destruida por los Irmandiños en el s. XV. Pasaremos luego por el Milladoiro, para otros el Humilladoiro, según deriven la etimología de las piedras dejadas en recuerdo por los peregrinos o por la genuflexión que hacían en acción de gracias por avistar Compostela. A mitad de camino encontraremos el pazo de Faramello. Tres kilómetros más adelante visitaremos el **Santuario de la Esclavitud**, de estilo barroco perteneciente a la transición del s. XVII al XVIII, con artísticos retablos en su interior.

Iria Flavia, hoy una humilde parroquia absorbida por Padrón, sus gloriosos orígenes hay que rastrearlos en la época de la colonización romana (con Vespasiano fundador de la dinastía Flavia). Los escritores latinos la citan como cabeza de una tribu celta, importante puerto fluvial y residencia veraniega de destacados políticos romanos. La iglesia, románica de transición de principios del s. XIII, se construyó sobre otra anterior, del s. I, destruida en parte por Almanzor. Las excavaciones arqueológicas realizadas la clasificaban como el más antiguo de la Península. En el s. XVII se procedió a importantes obras de restauración que hicieron desaparecer gran parte de la anterior, que dejó restos en las torres y en el tímpano escultórico de la portada. Conserva, también, un buen retablo y una interesante reja del s. XVI renacentista y el sepulcro de D. Rodrigo de Luna, de 1460. En su entorno el muestrario arqueológico de su *cementerio de Adina*, en el que estuvo enterrada Rosalía de Castro hasta su trasla-

Colegiata de Iria Flavia.

Casa-museo Rosalía de Castro. Cocina.

do a Santiago, con laudas, estatuas y restos de sus excavaciones con un buen muestrario que abarca principalmente los siglos VIII a X. Enfrente el *Museo Parroquial*. El edificio construido en el s. XVIII y las líneas muy sobrias para Casa de los Canónigos, fue acondicionado en 1965 para su actual finalidad. Guarda una serie de piezas, objetos y ajuar litúrgicos.

Padrón, sobre el río Sar, poco antes de su desembocadura en el Ulla que marca *la frontera provincial con Pontevedra*. La villa se encuentra ligada a las tradiciones y leyendas jacobeas. Estas tierras también, desde las orillas del Sar, inspiraron versos a Rosalía de Castro. En la Matanza, próximo a la villa, se encuentra la casa donde vivió y murió en 1855, actualmente convertida en Museo. En Iria-Flavia, nació Camilo José Cela y en la *Casa de los Coengos* (Canónigos) de Padrón se creó el patronato de la fundación que lleva su nombre. Vinculaciones importantes que tiene el Padrón actual, villa de carácter monumen-

tal, donde las nuevas construcciones buscan su convivencia con las antiguas. Entre sus principales monumentos destacaremos el **Convento del Carmen,** barroco de la primera mitad del s. XVIII. En su interior guarda magníficas tallas de Ferreiro y de Felipe de Castro. Es también un excelente mirador sobre la villa y las vegas del Sar y del Ulla.

Convento franciscano de Herbón, fundado en el s. XIV en las orillas del Ulla, en un lugar de paz, de sosiego y buena tierra. Los pimientos y otros productos hortícolas lo atestiguan, también las truchas y las lampreas de su río.

Paseo del Espolón, centro arbolado de esparcimiento y de ocio de los padroneses a orillas del Sar, presidido por la estatua de Rosalía con importantes «feirones» todos los domingos.

Unas interesantes plazuelas, la de Camilo José Cela, la de Macías o Namorado, se hilvanan como recuerdos en piedra de sus hijos ilustres.

El Ayuntamiento se asienta en un

elegante edificio del s. XVIII, con señorial escalera.

Sus fiestas se celebran en Pascua, pero son dignas de mención las del patrón Santiago, el 25 de julio, que da lugar a una vistosa romería en la *Ermita de O Santiaguiño do Monte*, situada en la ladera de monte San Gregorio, donde según la tradición predicó por primera vez el Apóstol.

Salimos de Padrón por la C-550 en dirección a Ribeira, hasta Bexo donde nos desviaremos a la izquierda para seguir una carretera que bordea la margen derecha del río Ulla y que nos guiará hasta Rianxo. A mitad de camino divisaremos en la otra orilla las *Torres de Catoira*, que un puente facilita su rápida visita. Estas torres, también llamadas del Oeste, tenían la misión de impedir que los invasores vikingos remontasen el Ulla, uno de los baluartes de la política naval del arzobispo Gelmírez.

Casa-museo Rosalía de Castro.

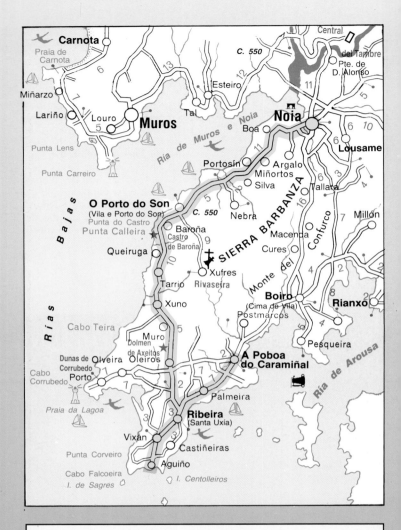

RUTA PROVINCIAL PRIMERA

ITINERARIO 4: LAS RÍAS • RIANXO • PUEBLA DEL CARAMIÑAL • RIBEIRA • NOYA

PUNTOS A VISITAR

1. Puebla del Caramiñal
Playas. Torre de Bermúdez y
Museo Valle Inclán.
Procesión de las Mortajas el tercer domingo de septiembre.
2. Santa Eugenia de Ribeira.
Playas. Buena lonja
3. Dunas de Corrubedo
4. Dolmen de Axeitos

5. Castro de Baroña
6. Porto do Son
Villa marinera. Ermita de Nuestra Señora de la Misericordia,
buenas vistas y caballos salvajes.
7. Noya
Importante villa medieval y monumental. Iglesias de Santa María, con cementerio-museo arqueológico, San Martín y San
Francisco.

ACCESO	Desde Rianxo volvemos a la carretera Padrón-Ribeira (C-550)

SERVICIOS EN LA RUTA

Puebla:
Restaurantes:
- O Lugar. Fernández Varela s/n
- Ayuntamiento ☎ 85 02 50
- Farmacia: Generalísimo Franco, 12

S. Eugenia de Ribeira:
Hoteles:
- Colón **
- Eva San **
- Villa **
Restaurantes:
- Santa Eufemia, Casa Fontao
- Farmacia: Rosalía de Castro, 31
- Ayuntamiento. ☎ 85 30 77

Noya:
Hoteles:
- Ceboleiro, Noya, Park
Restaurantes:
- Ceboleiro, Ferrador
- Farmacia, Comercio, 1
- Ayuntamiento. ☎ 82 00 50

Porto do Son:
- Hotel Ornanda
- Ayuntamiento. ☎ 85 30 77
- Restaurante Arenal
- Farmacia, General Franco s/n

FIN DE RUTA	Regreso a Santiago - La Coruña por C-543 Final de Ruta

Ría de Muros. Noya.

RUTA 1: SANTIAGO DE COMPOSTELA Y RÍAS BAJAS

ITINERARIO 4: RIANXO · PUEBLA DEL CARAMIÑAL · RIBEIRA · NOYA

Rianxo, villa marinera que supo combinar el mar con la tierra potenciando su sector ganadero, ambas fueron los puntales de su riqueza tradicional que favoreció la expansión de una villa de sugestivo trazado, de calles paralelas, con casas blasonadas, que poseen artísticos balcones, y pazos que atestiguan un pasado señorial. La antigua plaza en la que se levanta orgullosa la *Iglesia Parroquial*, dedicada a Santa Comba, fue el centro histórico de la villa. Allí construyó el primer señor de Rianxo, Payo Gómez Chariño, almirante, poeta del mar y conquistador de Sevilla, una fortaleza situada en el lugar de A Torre. Sobre su solar y con sus piedras se levantó en el siglo XVIII el *Pazo Martelo* de amplia fachada que cubre toda la plaza con balcona-

da ornada con trabajados balaustres y escudos de armas en sus extremos; perteneció a los marqueses de Almeiras, en la actualidad al municipio como Monumento Histórico Artístico. En el lado oeste de la plaza se encuentra la *Iglesia Parroquial*, estilo gótico de transición de finales del s. XV, una de las más importantes de las que encontramos en la ría; con gran portada principal, tímpano con decoración escultórica, amplia nave con bóvedas de crucería e interesantes capillas. Su única torre, posterior, pertenece al barroco.

A la entrada de la villa está la capilla de la Virgen de Guadalupe, del s. XVII, sobre la que se escribió la popular canción. Su festividad se celebra el segundo domingo de septiembre con inusitado movimiento de gentes, festejos y alegría general. En la playa de Tanxil, la que «llora», cuando se pisan las arenas tan finas, esculpió el propio Asorey otra imagen de esta Virgen.

Recordemos, para terminar, los grandes hombres que dio Rianxo,

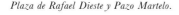
Plaza de Rafael Dieste y Pazo Martelo.

Torre de Bermúdez.

muchos e importantes, pero sobre todo la figura de Alfonso Daniel Rodríguez Castelao, luz y fuerza de la identidad gallega.

Desde Rianxo volvemos a la carretera Padrón-Ribeira, pasando por Taragoña nos dirigimos hacia Puebla del Caramiñal, atravesando bellos paisajes, acogedoras y doradas playas de arena fina, entre la luz y los olores marinos de la Ría de Arosa y el perfil interior agreste y verde de las sierras del Barbanza, de caballos salvajes. Aquí y allá podrá detenerse para saborear 'retazos de este interesante y pintoresco paisaje.

Puebla del Caramiñal, la villa se asoma a la ría de Arosa buscando en un entrante que se abre entre dos playas un asentamiento privilegiado. El puerto y la pesca permitieron también desarrollar una industria conservera y naval

impulsados en un principio por capitales catalanes. El nombre del municipio fue el resultado de la fusión de Santa María del Caramiñal, que era pueblo de añejas tradiciones marineras, con la Puebla del Deán, «villa de linajes ilustres y pazos antiguos», era el 6 de octubre de 1822. Se nota en el perfil de la villa el carácter marinero de sus gentes y el refinamiento nobiliario de los pazos.

La Torre de Bermúdez, palacio de equilibrados volúmenes renacentistas y ornamentación plateresca, Monumento Histórico Artístico ha sido remozado en su interior y fachada para instalar el *Museo Valle Inclán*, y la Casa de la Cultura, abriéndose al público el «Día das letras Galegas» de 1987. Documentos, cartas y diferentes ediciones de obras de Ramón del Valle Inclán así como objetos de su uso personal, forman lo principal de sus fondos.

Villa de gran atracción turística, de buenas playas y agradable clima, posee algo singular, *la procesión de las mortajas* en la romería del Nazareno que se celebra en el tercer domingo de septiembre recordando la costumbre que impuso don Juan de Liñares, regidor de la Puebla del Deán en el s. XV; cuando enfermo muy grave se había comprado el hábito para vestir al futuro difunto y la caja para enterrarlo, la víspera de la fiesta del Nazareno, el alcalde pidió por su salud y fue tan rápida la mejoría que se tomó como un milagro. Para agradecérselo al Nazareno, vistió la mortaja y metido en la caja hizo que le transportasen detrás de la imagen durante la procesión. Quizás haya sido leyenda, pero acabó por transformarse en tradición de la villa y en fiesta de fuerte atracción.

Siguiendo nuestra ruta a unos 4 km atravesaremos Palmeira y dejaremos a nuestra izquierda la playa de Corna, camino de **Santa Eugenia de Ribeira**, situada en el borde septentrional de la Ría de Arosa, asentándose sobre una costa muy recortada consecuencia de la penetración en el mar de los ramales inferiores de la Sierra de Barbanza. Entre estos espolones rocosos se extienden grandes arenales, dunas y juncales, que se han transformado en atractivas playas turísticas. En la misma villa que se alarga sobre la costa, es rocosa su parte sur, mientras que hacia el norte se estira la magnífica playa de Coroso, dotada de buenos servicios y de un cámping.

La isla de Sálvora y un cortejo de islotes cierran esta ría apacible. Destaca la belleza paisajística del entorno. En la villa una actividad laboral ligada al mar y su economía. Buenas instalaciones portuarias, amplia lonja e importante flota pesquera que ocupa hoy uno de los primeros puertos, a escala estatal, en las capturas de bajura. También por sus gratas condiciones se ha convertido en estos últimos años en un lugar turístico y de veraneo que ha propiciado una alegre «movida» nocturna y una relativa expansión hotelera.

Podemos realizar una serie de excursiones o visitas a ciertos puntos de interés. En Aguiños un buen paisaje desde la punta Covasa, un merendero «enxebre» y parques infantiles. En Corrubedo sus famosas y extensas dunas, también un paseo agradable por su pequeño puerto pesquero, lleno de tipismo, y su faro; excelentes playas. Se inicia desde aquí la Ría de Muros y Noia. Cerca de Oleiros, a la izquierda, encontraremos el Dolmen de Axeito, y un peñasco con figuras de animales como cabras y otras esculturas, que rememora ritos y cultos de viejas épocas castreñas; en general la Sierra de Barbanza fue un gran espacio sagrado para los primeros pobladores gallegos, y que se ha decantado en numerosos vestigios arqueológicos: mámoas, castro como A Cibdá, dólmenes como Axeitos, esculturas como la «Pedra das Crabas», etc.

Siguiendo nuestra ruta nos dirigimos a Porto de Son e iremos dejando a la izquierda una prácticamente ininterrumpida secuencia de pequeñas playas, salpicadas de salientes rocosos o pequeñas penínsulas, como la de *Baroña*, lugar que por sus condiciones de defensa, acogió las edificaciones de un antiguo e interesante castro, que debemos visitar. En **Porto de Son**, una parte antigua que conserva todo el tipismo de sabor marinero y olores a sal y brea. Buena vista panorámica desde la ermita de Nuestra Señora de la Misericordia, sobre la ría y la montaña. Caballos salvajes por sus laderas.

Seguimos hacia Noya por una carretera que se perfila entre los blancos y finos arenales que asemejan grandes balsas flotando sobre aguas limpias y muy salubres por su alto contenido de yodo y las paredes del Barbanza, verdes agrestes y verticales.

En Boa una buena playa y los bancos de berberechos más ricos del país, se inicia la ensenada de **Noia**. Núcleo de población densa que supo conjugar la pesca y el trabajo agrícola o cuidado ganadero. Síntesis de mar y tierra como repetían simbólicamente las 12 puertas de muralla medieval: cuatro abiertas al mar, cuatro al río y cuatro a la tierra. Villa del pasado medieval que como escribió Otero Pedrayo: «asemeja a una pequeña Compostela; posee el cementerio más *saudoso* de Galicia y algo de Florencia parece alentar en sus moradas del siglo XIV».

La villa se manifestó pujante en los últimos siglos medievales, apoyándose en un puerto activo

Noya, vista del puerto.

en pesca y en comercio, aunque actualmente ha perdido gran parte de su calado por la acumulación de aluviones fluviales en su fondo, y que prestaba sus servicios a Santiago de Compostela. Esto se tradujo en riqueza y en un instinto de defensa que amuralló su perímetro. Puertas, torres y murallas gozaron de gran fama. Gran impulsor de los mismos fue Berenguel de Landoira, dominico francés nombrado arzobispo de Santiago por Juan XXII en su destierro de Aviñón. Noia apoyó su causa y él protegió a sus partidarios. Dotó a los diferentes hospitales que la villa poseía, hoy desaparecidos. El pórtico del llamado Sancti Spiritus de Afora, que fue trasladado al Ayuntamiento, guarda el escudo más antiguo de la villa. Pero la gran obra del arzobispo fue la iglesia de **Santa María a Nova** que consagró en 1327, y actualmente Monumento Histórico-Artístico, verdadera basílica y extraordinario ejemplo gallego que tipificó el llamado gótico marinero, y es juntamente con el cementerio que la rodea una auténtica joya y un

museo de arqueología medieval y moderna. Colección de sarcófagos, de heráldica, cruceros y un baldaquino o templete denominado Cristo do Humilladoiro con interesantes relieves en su friso, y gran cantidad de lápidas funerarias anónimas cuyo único signo individualizador es el emblema de cada gremio, al lado de otras con blasón nobiliario.

Otro admirable monumento ojival, de principios del s. XV, es la iglesia parroquial dedicada al patrón de la villa *San Martín*, también declarada Monumento Histórico-Artístico. Con una espléndida fachada de gran riqueza escultórica y marcada influencia del Pórtico de la Gloria compostelano. Su única torre fue levantada en el s. XVII. Interesante bóveda estrellada en la capilla de la Anunciación. Tuvo recientemente una cuidada restauración. Próxima una construcción ojival civil, el llamado palacio del Arzobispo. Importantes eran también la *Iglesia y convento de San Francisco*. Conjunto ojival con elementos renacentistas, como el claustro que se aprovechó en la construcción del palacio municipal. En la calle del Cantón el pazo Dacosta del s. XIV, y en la de Forno do Rato otro del s. XV. En las proximidades el pazo de Pena D'Ouro, que incorporó el claustro románico del antiguo monasterio de Toxos Outos, y el de Bergondo. Con buenas vistas de Noia desde ambos.

Quedan sin citar plazas como la del Tapal, antiguas mansiones asoportaladas, arcos y puertas ojivales y un largo etcétera. Todo está ahí, monumento, vitalidad económica y claro progreso urbanístico, hay que pasear sus rúas y sus piedras, sentir su belleza y luego, descubrirla.

De Noya a Santiago, por una buena carretera, la C-543, tardaremos media hora. Regreso a La Coruña, esta vez mejor por la Autopista.

Noya, fachada de la Iglesia de San Martín.

Cementerio de Santa María.

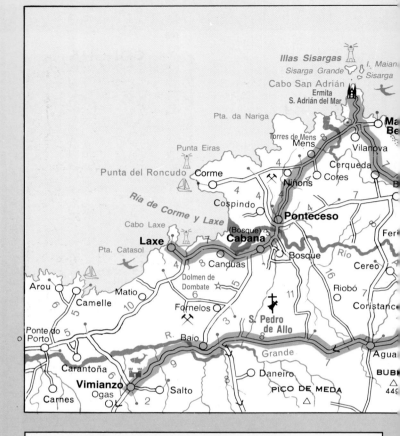

RUTA PROVINCIAL SEGUNDA

ITINERARIO 1: LA CORUÑA • MALPICA • LAXE

PUNTOS A VISITAR

1. Santuario de la Virgen de Pastoriza
2. Cayón
Pintoresco pueblo marinero.
3. Gran Arenal de Baldaio
4. Buño
Centro de las famosas cerámicas de este nombre.
5. Malpica de Bergantiños
Comienzo de la Costa de la Muerte. Gran puerto pesquero. Famosas «caldeiradas» de pescado.
6. Ermita de S. Adrián del Mar.
Excelente vista panorámica del Océano y Sisargas.

7. Torres de Mens
8. Iglesia parroquial de Santiago de Mens.
9. Ponteceso.
Pazo de E. Pondal a orillas del río Anllóns.
10. Castro «A Cidade» de Borneiro
11. Dolmen de Dombate
12. Laxe
Ría. Playa. Laboratorio Geológico. Iglesia de Santiago.

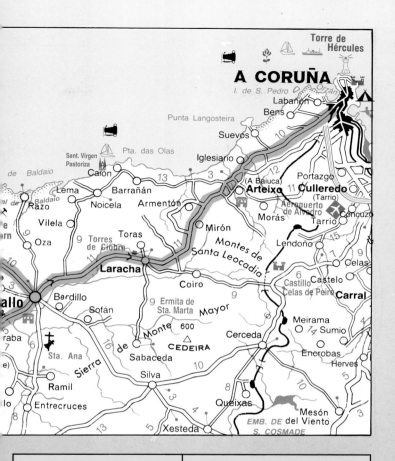

ACCESO	Avda. de Finisterre y C-552 dirección a Carballo.

SERVICIOS EN RUTA

Malpica:
- Bancos. c/ E. Vila Fano
- Talleres Mecánicos, Ventorrillo, s/n

Restaurantes:
- O Burato. Plaza Villar
- Dourado. Cancela de Areas
- Miramar. Ventorrillo, 12
- Isidoro. Plaza Santa Lucía

Información turística:
Ayuntamiento. ☎ 73 60 00

Ponteceso:
- Caixa Galicia. c/ Lugar de la Trabe

Talleres mecánicos. c/ Sta. Cristina, s/n
Estación de Servicio:
Avda. Finisterre

Laxe:
- Talleres mecánicos. Pondal, 47

Restaurantes:
- Sardiñeira. Avda. Cesareo
- O Tras-Paso, Del Río, 17
- Zurich, Fellido, s/n

Hoteles:
- Beiramar*. Cesáreo Pondal, 32

SALIDA AL PRÓXIMO ITINERARIO	Desde Laxe, hacia Camariñas

Camariñas. «Paliqueira» trabajando.

RUTA 2:
COSTA DE LA MUERTE.
RÍAS ALTAS

ITINERARIO 1:
LA CORUÑA · MALPICA · LAXE

QUÉ ES LA COSTA DE LA MUERTE

Es una determinada zona de Galicia donde durante siglos se pensó que allí terminaba la tierra conocida, el resto era mar y oscuridad. Esta franja costera se encuentra situada, alargada entre el cabo S. Adrián en Malpica y el de Finisterre. Orla de rocas atormentadas desde el principio de los tiempos por el embate y la furia sin fin del agua y del viento atlánticos. El misterio del mar inmenso que absorbe al sol poniente indujo a pensar, a creer que era un espacio singular, mágico. Leyendas antiguas y ritos de vida crearon su mundo mitológico. El dolor, el halo de tragedia de sus naufragios, los horribles relatos de monstruos, de prodigios, de muerte en esta costa. Aquí manda el mar. Cuando azota la galerna se comprende por qué se sigue conociendo como la Costa de la Muerte y del fin del mundo.

El viaje en coche por este espacio gallego requiere prudencia. Estas carreteras no fueron diseñadas para prisas o velocidades. Por si decide hacer etapas le daremos como muestra lugares de comida y descanso.

Salimos de La Coruña por la C-552 que tomamos en la avenida de Finisterre.

La primera parada, a la derecha, puede ser el **Santuario de la Virgen de Pastoriza**. Buen mirador sobre La Coruña.

Arteixo, a 12 km de la capital,

Cayón.

Alfarería de Buño.

lugar tradicional de balneario por las calidades de sus termales aguas iodo-bromuradas que curan o alivian dolores reumáticos y dolencias de la piel. Tenemos dos rutas posibles, la del interior directamente hacia Carballo, o bordear la costa, torciendo en Arteixo a la derecha por la carretera de Caión. Veremos lugares de amplias playas abiertas al océano, Valcobo y Barrañán con buenos servicios.

Cayón, pintoresco pueblo marinero navegando sobre una pequeña Península.

Más adelante una pista nos indica a la **playa de Baldaio**. Otra mejor tomando a la derecha desde Noicela. Baldaio es un enorme arenal blanco y abierto al Atlántico, de 6 km de largo, desde la punta de la fuente hasta la de Razo. Hacia el interior una laguna litoral en proceso de desecación da lugar a zonas de marismas. Unas compuertas reguladoras controlan su desagüe.

Desde donde estamos o desde Carballo nos trasladaremos hasta Malpica. A mitad de camino una desviación a la izquierda nos indica la dirección de **Buño**, tierra de alfares, sus cerámicas populares han alcanzado renombre, que no mejora su creciente proceso de industrialización, pueden verse todavía obradores y artistas artesanales.

Malpica de Bergantiños, en una situación privilegiada, sobre el promontorio de una pequeña península que domina un vasto horizonte atlántico. Playa y puerto colgados de sus costados. Su puerto es el más importante de esta costa, protegido por las rocas, amparado recientemente por el dique artificial, rige y marca los ritmos de vida de sus gentes como un ritual cotidiano. La mañana para el descanso, la tarde preparación de redes y aparejos, y los vasos de vino; al atardecer el embarque, la pesca. En la madrugada las sirenas anuncian la llegada de los barcos. Gran actividad y subasta en la lonja. Descarga, clasificación y transporte de las capturas. Limpieza del barco y el descanso de la mañana. Son famosas sus «caldeiradas» de pescado. Saliendo de Malpica por la carretera de Ponteceso, como a un kilómetro, una pista trepa hacia la ermita de S. Adrián del Mar del s. XVI, y una excelente vista panorámica con las islas Sisargas cortando el océano.

De camino a Ponteceso podemos visitar las **Torres de Mens,** restos de un castillo del siglo XV destruidos por los Irmandiños, reedificado posteriormente, hoy abandonado. La hiedra prestó a sus muros su colorido ornamental.

Iglesia parroquial de Santiago de Mens, una buena muestra del estilo románico basilical de la primera mitad del s. XII en este templo, que lo fue de un antiguo monasterio hoy desaparecido. Se habla de la existencia de un túnel secreto y subterráneo que la comunicaba al Castillo.

Ponteceso, un núcleo dinámico que sabe conjugar la actividad de su puerto pesquero con el trabajo

Ermita de San Adrián. Al fondo Malpica.

Islas Sisargas desde San Adrián.

agrícola y la riqueza ganadera. Posee también una destacable industria maderera. Aquí nació Eduardo Pondal en el pazo de más destacada construcción de la villa, con un crucero entre palmeras, robles y pinos, a orillas del Anllóns. Bardo de mundos poéticos y legendarios de héroes que flotan en las brumas históricas de un pasado celta; soñador de naciones y libertades. Uno de sus poemas *Os pinos*, fue elegido como letra del Himno Gallego. En Ponteceso desemboca el río Anllóns, formando una pequeña ría al pie del Monte Blanco, que descubre sus bajos y arenales en la marea baja. Interesantes muestras de erosión litoral marina para los aficionados a la geología.

En dirección a Laxe podremos visitar una serie de importantes restos arqueológicos, algunos auténticos símbolos de la primitiva historia de Galicia. A mitad del recorrido tomando la carretera de Baio nos desviaremos hacia el **Castro «A cidade» de Borneiro**, en el Ayuntamiento de Cabana, conocido popularmente como la «Ciudad Alta», pertenece al siglo VI a. de C. Actualmente en nueva fase de excavación. Próximo el **Dolmen de Dombate**, imponente monumento megalítico que excavaciones recientes han puesto de manifiesto en su magnitud y complejidad arquitectónica. Con grabados y restos de pintura en el interior de la cámara.

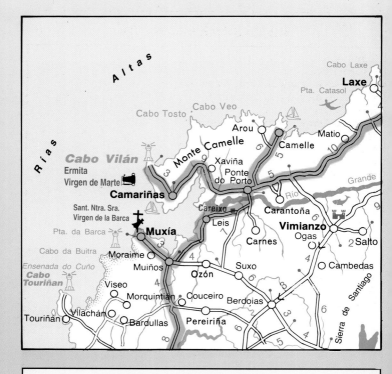

RUTA PROVINCIAL SEGUNDA

ITINERARIO 2: LAXE • CAMARIÑAS • MUXIA

PUNTOS A VISITAR

1. Camelle.
Paraje agreste. Museo de Man
2. Camariñas
Impresionante paisaje y exquisita artesanía de encajes.
3. Cabo Villano.
Gran Panorámica
4. Cereixo
Iglesia de Santiago, pequeño templo rural románico del s. XII. Torres de Cereixo, pazo del s. XVII.

5. Muxia
Paisaje desgarrado. «Las Quebrantes». Iglesia parroquial de Santa María.
6. Santuario de Nuestra Señora La Virgen de la Barca.
Pedra de Cadrís. La Abaladoira.

| **ACCESO** | Desde Laxe, hacia Camariñas |

SERVICIOS EN LA RUTA

Camariñas:
- Farmacia, Arenal s/n
- Talleres mecánicos, Ctra. Vimianzo s/n
- Talleres mecánicos, Calvario, 6

Restaurantes:
- Catro Ventos, Molino de Viento, 81

Hoteles:
- Catro Ventos *, Molino de Viento, 81
- La Marina *, Cantón
- Miguel Freijo, 4

Muxia:
- Farmacia, Real 53
- Talleres mecánicos, Los Molinos s/n

Restaurantes:
- Enrique, José María del Río

Hoteles:
- Los Molinos *, Los Molinos s/n

Información turística:
- Ayuntamiento. ☎ 74 20 01

SALIDA AL PRÓXIMO ITINERARIO	Desde Muxia, por la ctra. 552, hacia Corcubión.

Ría de Camariñas, facho del Vilano.

RUTA 2: COSTA DE LA MUERTE. RÍAS BAJAS

ITINERARIO 2: LAXE · CAMARIÑAS · MUXÍA

Laxe. Mientras otras localidades buscan el Sotavento que le deparan los valles o montaña, la villa eligió ver el mar a pleno rostro. Entre la punta del Caballo y la del Cabo se abre la ría de su nombre como una verdadera sonrisa atlántica. Laxe se alarga por su orilla izquierda, pegada a su magnífica playa, una dilatada concha de arena clara y agradable. Pueden observarse los yacimientos de caolín que potenciaron una industria hoy abandonada. Cerca también las edificaciones del *Laboratorio Geológico*, uno de los más importantes de España, creado por el gran geólogo gallego I. Parga Pondal, y que celebra cursos internacionales durante el verano.

Aquí se aunaron la piedra con la galería y el espacio con la luz y la línea para dar ese especial carácter a unas calles sugestivas flanqueadas aquí y allá por casas señoriales. Los viejos palacios de las casas de Moscoso y Castro, el pazo de los Martelo y el gran arco apuntado en la plaza de la villa de ponderadas proporciones, proyectan este pasado nobiliario.

Iglesia parroquial de Santiago, situada en la parte más alta de la villa, ojival de finales del s. XIV, al igual que las estatuas adosadas en el lienzo sur. En su interior los sepulcros de sus señores feudales, los Moscoso de Altamira, del s. XIII. Próximo un buen mirador.

Seguimos ruta hacia Camariñas. Antes de llegar a Ponte do Porto, una desviación nos conducirá hasta **Camelle**, puerto que forma una caleta poco profunda con bajos a su entrada, enclavada en uno de los parajes más agrestes y bravíos de la Costa de la Muerte. Puede también visitarse el curioso y de difícil tipología museo de Man, el marinero alemán que un día vino, vio y se quedó cerca de su mar, y empezó a componer formas con los materiales que encontraba en su playa. Una mezcla entre ingenuismo y Ready-made y Arte povera. Entrada gratuita, se pide donativo voluntario.

Camariñas.

Una costa brava y escarpada da cobijo entre sus dientes a una serie de playas y ensenadas. Sobre una de ellas, entre la punta do Castelo y la punta de Insua, al

Laxe.

Paliqueira trabajando.

Encaje de Camariñas.

amparo de un puerto se construyó la villa de Camariñas. La Costa de la Muerte es grande y pródiga en naufragios, en recuerdos estremecedores de víctimas. Un halo de belleza y muerte envuelven su proximidad. La villa es pequeña, blanca, abierta y atrayente. Puerto y playa son la perla sobre la que se comba el caserío. Sus gentes nobles y trabajadores. El hombre en el mar, la mujer en la artesanía casera de la puntilla de la que hizo tradición histórica.

Artesanía y paisaje son hoy dos aspectos que individualizan y sobre todo identifican a Camariñas. Principalmente las puntillas «tecidas polas palilleiras». En un diálogo rápido del dedo con el hilo, que da lugar a esa melodía de repiqueteo al entrechocar continuamente los palillos, en «pares» y «picos», una fina labor tejida entre alfileres

se desliza por la «almohada». La técnica del encaje que se importó en los tiempos modernos de los Países Bajos, encontró en Camariñas el tesón y la sabiduría necesaria, para adaptar el estilo y crear su propia tradición.

Por la amplitud del panorama que se divisa y por su imponente arquitectura geológica es obligada una visita al cabo Villano (a 4 km). Proximo al litoral en la playa de Trece, cerca del lugar del gran naufragio ocurrido en la siniestra punta do Boi, se encuentra el llamado «Cementerio de los Ingleses», son las víctimas del naufragio del *Serpent* el 10 de febrero de 1890. De 300 marineros sólo se salvaron tres. En la propia villa puede verse además la iglesia parroquial de San Xurxo, un paseo marítimo por el puerto y el monumento a la palilleira.

El 16 de julio podemos asistir a la espléndida fiesta patronal de la Virgen del Carmen, con procesión marítima y la típica Danza de los Arcos, y si algo nos queda por saborear, es la exquisita caldeirada de pescado, como el marisco, centollo o percebe, de otras muchas puntas y rocas de esa costa. Peligro que se hermana con la calidad. Mar y encaje son Camariñas.

Volvemos a Ponte do Porto para dirigirnos a **Muxía**, sobre una costa de acantilados graníticos que se precipitan sobre un mar, que bate tempestuoso y bravío sobre sus bajos. Con playas agradables, aunque pequeñas y frías, que buscan cobijo en curvas ensenadas. Barrida por fuertes vientos marinos que retuerce sus brezales y hace huir a los árboles de sus riberas, acentuando su agreste desolación. Estamos en plena Costa de la Muerte. Tan peligrosa e impresionante como suculento su marisco. Un paisaje desgarrado, esculpido por una lucha sin concesiones entre el agua y la roca, es aquí el gran protagonista. Rompientes y bajíos, llamados

«Las Quebrantas», y plataformas pétreas forman su entorno. Muxía buscó la protección de la pequeña península que termina en la punta de la Barca, para ocupar el istmo con su caserío. Al este el malecón y el coído, sus instalaciones portuarias, protegidas por un sólido dique de abrigo. Al oeste, rocas y arenales abiertos al mar. La flota pesquera es su principal motor económico. No existe aquí la coordinación de agricultura-pesca de otras villas marineras. Los precios de la lonja marcan valores casi exclusivos.

Iglesia parroquial de Santa María, pequeño e interesante templo con una portada del románico de transición del s. XIII, y un interior graciosamente rústico, bajo los arcos ojivales, de su nave y ábside rectangular. En su muro septentrional se abre una atractiva capilla gótica cubierta con bóveda nervada del s. XIV.

Santuario de Nuestra Señora la Virgen de la Barca. En la parte norte de la villa se eleva una montaña esquinada en su cima, conocida como «el Cerro de Muxía», donde se halla el Santuario del s. XVII, uno de los más antiguos

de Galicia y de los más importantes centros de su devoción mariana levantado sobre una ermita del s. XIII. Posee el templo un buen retablo, obra del gran escultor M. de Romay a principios del s. XVIII. En su interior también los sepulcros de los condes de Maceda, señores del territorio. Se celebra la gran romería el primer domingo después del 8 de septiembre. Posiblemente su origen provenga de un lugar mágico y de cultos precristianos de sus antiguos pobladores, luego cristianizado mediante la tradición de la aparición de la Virgen, sobre una barca de piedra, al Apóstol Santiago para exhortarlo en sus predicaciones. Desapareció después, pero las gentes saben dónde está la vela y dónde quedó el casco pétreo de la barca. Próximo al Santuario, la *Pedra dos Cadrís*, con propiedades genésicas, cuya enorme mole oscilaba con el menor impulso emitiendo extraños sonidos. La «Abaladoira» que no habla desde 1978, un temporal la arrastró fuera de su sitio, pero en estas piedras conserva Muxía, sobre un paisaje mágico, el mito pagano y su leyenda cristiana.

Santuario de la Virgen de La Barca.

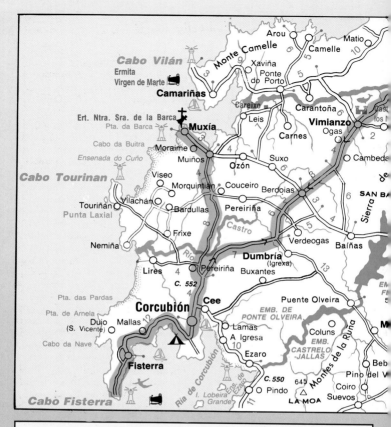

RUTA PROVINCIAL SEGUNDA

ITINERARIO 3: MUXIA • CORCUBIÓN • FINISTE-RRE • VIMIANZO • CARBALLO

PUNTOS A VISITAR

1. Moraime.
Iglesia románica de San Xian, s. XII.

2. Corcubión
Barrio antiguo, declarado conjunto histórico-artístico. Arquitectura popular gallega. Iglesia parroquial de S. Marcos, del s. XII con reformas posteriores. Paseo marítimo.

3. Finisterre
Importante conjunto urbano en la Plaza del Ara Solis. Casas blasonadas e iglesias con valiosos retablos. Cristo de Fisterra.

4. Faro.
Impresionante paisaje de rocas y mar.

5. Castillo de los Moscoso en Vimianzo.
Del s. XIV.

6. Torres de Allo
De principios del s. XVI. buen exponente del pazo gallego de esta época.

7. Carballo
Centro de una rica comarca agrícola. Variada artesanía. Instrumentos populares musicales.

| ACCESO | Ctra. 552 desde Muxía |

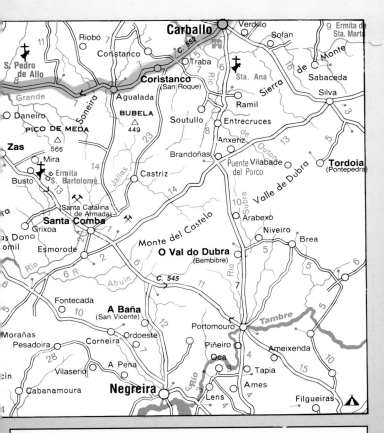

SERVICIOS EN LA RUTA

Corcubión.
- Caja Postal. Constitución, 1
- Fotografía. Constitución, 18
- Caixa Galicia. Plaza Blanco Rajoy, s/n
- Prensa. Pl. Castelao, s/n
- Guardia Civil. Peligros, s/n

Restaurantes:
- Doña Ximena. Tomé Santos, 24

Hoteles:
- Hórreo ***. Santa Isabel, s/n
- La Sirena. Antonio Porrúa, 15

Información turística:
- Ayuntamiento. ☎ 74 54 14

Finisterre.
- Farmacia. Santa Catalina, 23
- Talleres mecánicos. Puerto, s/n

Restaurantes:

- Casa Lestón, Sardiñeiro
- Patronato, Lago País
- Los tres Golpes

Hoteles:
- Cabo Finisterre. Santa Catalina, s/n.
- Rivas. Carretera Faro
- Finisterre
- Velay. La Cerca

Información turística:
- Ayuntamiento. ☎ 74 00 01

Vimianzo.
- Estación de Servicio
- Correos y telégrafos. Avda. Banco Rajoy, s/n

Carballo.
Estación de Servicio. Puente, s/n
Farmacia, Plaza Generalísimo, 1

| FIN DE RUTA | Ctra. 552 en Finisterre |

Facho de Finisterre.

RUTA 2: COSTA DE LA MUERTE. RÍAS ALTAS

ITINERARIO 3: MUXÍA · CORCUBIÓN · FINISTERRE · VIMIANZO

Siguiendo ruta hacia Corcubión una desviación a la derecha pasado Morancelle nos trasladará al cabo Touriñán, la máxima longitud oeste de Galicia (9° 18' 19'') y un gran paisaje de viento, mar y tierra.

Corcubión. Continúa las características generales que hemos visto hasta ahora. Conjunción de pesca y agricultura-ganadería con importante pasado medieval. Podemos todavía observar numerosas casas blasonadas, que acreditan la nobleza de sus antiguos propietarios, entre calles pintorescas que muestran la arquitectura popular gallega típica de los pueblos marineros. En este sentido, el barrio antiguo ha sido declarado conjunto Histórico-Artístico. Los propios condes de Altamira se hicieron construir un pequeño palacio en la villa. Próximo a él y cercano al muelle se edificó la *Iglesia parroquial de San Marcos*, del s. XII con reedificaciones posteriores. Del s. XV la cubierta, el arco apuntado y la bóveda de nervios del ábside. La fachada y torre fueron reconstruidas tras la sacudida de un rayo en 1885. Posee una interesante estatua de S. Marcos, su Patrón, cuya festividad se celebra el 25 de abril.

Fisterra. (Finisterre, antes del cambio de topónimos), punto meridional de la Costa de la Muerte. Es notable en la villa el conjunto urbano de la *Plaza del Ara Solis*, en ella se encuentra la capilla de Nosa Señora do Bon Suceso. Obra barroca de mediados del siglo XVIII. La iglesia de Santa María das Areas de Fisterra, es la parroquial. Un templo que pertenecía originariamente al románico del s. XII, pero que fue reformado con diferentes estilos, lo que es otro de sus rasgos de interés. Se conservaron dos retablos barrocos, el de la capilla del Santo Cristo, de 1721, obra de madurez de M. de Romay, cobija la venerada imagen del Crucificado o Cristo de

Corcubión.

Faro de Finisterre.

Fisterra de estilo gótico. Son también de interés la Virgen en piedra policromada y un viril de plata dorada, ambos del s. XVI. Frente a su fachada principal el que fuera hospital de peregrinos. Los cruceros y algunas casas blasonadas de los Valdivieso o de los Altamira, rematan este panorama artístico, que debe complementarse con la subida al faro, y la contemplación de su impresionante paisaje. Realmente Europa se siente a nuestra espalda, de frente el espectáculo del Sol poniente sobre el inmenso mar sin límites, maravilla por sus contrastes cromáticos y embruja de prodigios nuestra imaginación. Pero el protagonismo legendario de esta costa se debe, también, a una larga historia de catástrofes, de naufragios y de muertes que

ha dado pie a una abundante literatura.

Por la C-552 podemos iniciar el regreso a La Coruña aprovechando para visitar en ruta el bien conservado *Castillo de los Moscoso de Vimianzo*, del s. XIV, con sus fosos, patios y almenas. Debemos ver también en Allo su gran pazo o *Torres de Allo*, una avenida de robles nos acompaña hasta él. Dos sólidas torres forman sus alas laterales en las que se abren ventanas y balcones perfilados con una interesante decoración del gótico final, en versión gallega del flamígero, que se mezcla con elementos platerescos. Son obra de Enrique Egas a comienzos del s. XVI, años en los que también proyectaría el Hostal de los Reyes Católicos en Santiago de Compostela. El cuerpo central, muy ancho y dividido en dos plantas, fue reconstruido y alterado posteriormente. Modelo, pues de palacio señorial del s. XVI y *Carballo*, importante villa, centro de una rica comarca agrícola, núcleo de comunicaciones y de comercio, con manantiales minero-medicinales y agradables áreas recreativas próximas.

Torre de Vimianzo.

Torre de Allo.

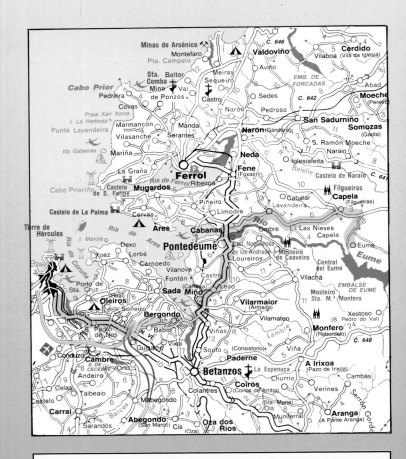

RUTA PROVINCIAL TERCERA

ITINERARIO 1: LA CORUÑA • PONTEDEUME

PUNTOS A VISITAR

1. Iglesia Colegiata de Santa María de Cambre.
Joya del arte románico gallego.
2. Pazo de Mariñán
Interesante pazo del s. XVIII
3. Ponte do Porco
Antiguo puente de Fernández Pérez de Andrade.
4. Miño
Villa turística.
5. Castillo de Noguerosa de los Andrade.

6. Pontedeume
Gran puente de origen medieval. Interesante casco antiguo. Iglesia parroquial de Santiago (s. XVIII). Torre del Homenaje (s. XIV). Cátedra de la Latinidad.
7. Capilla de S. Miguel de Breamo
8. Monasterio-Colegiata de Caaveiro
9. Playa y pinar de Cabañas
10. Santuario de Nuestra Señora de las Nieves (s. XV)
11. Presa Hidroeléctrica del Eume.

ACCESO

Por Alfonso Molina, cruzando el Puente Pasaje y tomando, a la derecha, la ctra. N-VI hacia Madrid.

SERVICIOS EN LA RUTA

Estaciones de Servicio.
- Puente del Pasaje
- San Pedro de Nos (ctra. N-VI)
- Miño
- Pontedeume.

Restaurantes:
- Galicia, Puente del Pasaje.
- Varias Parrilladas, en el Carballo
- Campolongo.

SALIDA AL PRÓXIMO ITINERARIO	Siguiendo la N-VI, hacia Fene; desvío en Puente de las Pías.

Ría de Ares, Miño al fondo.

RUTA 3: EL GRAN ARCO ÁRTABRO: LA CORUÑA - FERROL

ITINERARIO 1: LA CORUÑA · PUENTEDEUME

Saliendo de La Coruña, por la avenida de Alfonso Molina y cruzando el puente Pasaje tomaremos la dirección de la derecha, la N-VI a Madrid. Escasamente a 2 km, en el cruce del Seijal, podemos tomar la carretera de la derecha. Si queremos visitar la *Iglesia de Santa María de Cambre*. Auténtica joya del arte románico gallego. Fue originariamente un monasterio fundado a principios del s. X. Los reyes de León y Castilla le otorgaron grandes privilegios que lo fueron enriqueciendo, como un monopolio sobre la pesca en el río Mero. Saqueado e incendiado por los ingleses de Drake en 1589 y nuevamente por los franceses de Soult en su avan-

ce hacia La Coruña persiguiendo al ejército inglés de Sir John Moore. Quedó prácticamente abandonado. Durante la Desamortización se subastaron públicamente sus bienes. Se salvó y se conservó únicamente la iglesia. Su belleza, sus proporciones y su trazado la asemejan a una pequeña catedral. El templo se construyó en el siglo XII. Su *fachada* principal tiene una hermosa portada de arquivoltas semicirculares sobre columnas acodilladas en las jambas, que protegen un tímpano escultórico con el Agnus Dei. El *interior* tiene planta de cruz latina, con tres naves, crucero y girola con cinco capillas absidiales que se cubren con bóvedas de medio cañón rematadas en cascarones sobre nervios, perteneciendo a un románico de transición del s. XIII. Interesante escalera de caracol en la torre y antigua, también curiosa, pila bautismal. Próxima la ría del

Santa María de Cambre.

Playa de Miño.

Burgo formada por el río Mero y su afluente el Brexo, en un contorno de agradable paisaje.

Siguiendo nuestra ruta por la N-VI, hasta el lugar del Espíritu Santo donde encontraremos una estación de servicio. Tomaremos más adelante en el primer cruce a la izquierda, hacia Ferrol. Pasaremos por Bergondo, tierra de joyeros, a ambos lados de la carretera pueden verse algunas de sus casas de campo y un moderno edificio que es la Escuela de formación y taller de talla de diamantes. Desde el centro de Bergondo una carretera nos conduce al *Pazo de Mariñán*. Hay que solicitar previamente autorización en la Diputación Provincial para su visita. Antigua fortaleza de Pérez das Mariñas, poderoso noble de La Coruña. Después, sus herederos lo transformaron en el actual pazo solariego. El último de ellos, sin sucesores directos, lo legó a su muerte en 1936 a la Diputación. Admirables y cuidados jardines, escalinatas, torre, cuerpo central y capilla, componen los elementos de una residencia señorial de las más interesantes del s. XVIII.

Siguiendo nuestra ruta atravesaremos el *puente Pedrido*, sobre la ría de Betanzos formada por las aguas del Mandeo. Playas y merenderos. Poco después descenderemos hacia un puente *Ponte do Porco*, llamado así por el animal emblemático de la Casa de los Andrade, señores feudales de estas tierras. El antiguo puente del s. XIV, uno de los siete que Fernán Pérez de Andrade o Bo se enorgullecía de haber construido, desapareció bajo el nuevo, que a su vez se encuentra por debajo del actual. Antes de cruzarlo, una desviación a la derecha nos conducirá a esta pequeña localidad agradable y veraniega por donde desemboca el río Lambre en la ría de Betanzos formando una alargada playa. Un monumento, jabalí con cruz, recuerda al Andrade bueno.

Miño. Las comunicaciones entre La Coruña y Ferrol dieron a esta villa el aspecto de pueblo carretera, de vía comercial. La playa Grande, extenso arenal con buenos servicios y cuidado con esmero por el Ayuntamiento, el entorno y sus posibilidades turísticas actuaron como segundo foco de expansión. El poblamiento se estira humanizando progresivamente el paisaje, por la carretera de la costa desde Loios hasta Perbes. Chalets, cámping, instalaciones recreativas, complejos residenciales, hoteles, apartamentos y restaurantes intercalados entre un paisaje de verdor y una línea sinuosa de rocas y playas agradables por nuestra izquierda.

Entre el puerto y la gran playa de casi dos kilómetros, encontramos el Castro de Loios. Por la carretera interior hacia Puentedeume, separada unos metros de la nueva, está el Ponte do Lambre, con arco ojival, uno de los que construyó en el s. XIV Andrade o Bo. Si escogemos la ruta de la costa, cerca de Perbes hallaremos la *iglesia prerrománica de San Juan de Vilanova*, construida en el año 1040, siendo su fachada reconstruida en el s. XVIII. Interesante ábside.

Por la carretera general llegaremos a ***Campolongo***, una bifurcación de caminos. La principal sigue a Pontedeume una carretera local, a la derecha nos guiará a Loureiros, desde aquí por una pista a Taboada nos acercaremos al pie del ***Castillo de Andrade***, que conserva una imponente torre del Homenaje con 10 m de lado y 20 m de altura, sobre muros de casi tres metros de grosor que arrancan sobre la roca natural. Restos de muros y de un pasadizo secreto. Baluarte roquero y centinela sobre un amplio horizonte.

Volvemos a la carretera, a 16 km llegaremos a Monfero (se describe en la Ruta «Betanzos y

Puentedeume.

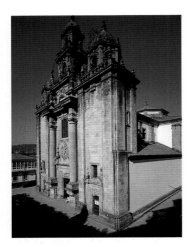

Puentedeume. Iglesia parroquial.

los Monasterios»). De Campolongo descenderemos entre amplias curvas a **Pontedeume** en el puente del Eume que desemboca en la Ría de Ares, es una villa medieval y moderna. Se escalona por la falda que vigila el Monte Breamo, desde el puente medieval de los Andrade y el malecón moderno de su puerto hasta la barroca iglesia parroquial de Rajoy. Dos hitos y dos ilustres nombres ligados a este núcleo.

El desarrollo de Pontedeume se une a los del engrandecimiento de la casa de Andrade, Fernán Pérez de Andrade o Bo fue su primer señor por concesiones en 1371 de Enrique de Trastámara que le entrega los señoríos de Pontedeume, Ferrol y Betanzos y poco después el de Villalba, en todos ellos campean las esculturas del oso y del jabalí, sus animales heráldicos. Alrededor de 1380 se construyó el puente sobre el Eume, el más importante de la Galicia medieval, sus 79 arcos cruzaban los 600 m. Entre los arcos 20 y 21 se levantó una capilla y un pequeño hospital, cuyas piedras fueron aprovechadas a mediados del s. XIX para empedrar la plaza de San Ro-

que. La última reforma en 1887 redujo los arcos a 15.

El último señor fue Fernando de Andrade. Su hija y heredera transmitirá el señorío a la casa de Lemos y a otros intereses. Inicia así la villa una época de importancia decreciente, hasta el momento de Bartolomé de Rajoy, arzobispo de Santiago en la segunda mitad del s. XVIII. Subiendo por la calle Real, encontraremos una casa blasonada y luego el Ayuntamiento con su torre. Ambas construcciones se deben al arzobispo. También mandó levantar la nueva *iglesia parroquial* aprovechando los restos de la anterior de Fernando de Andrade erigida en 1538, que conserva la capilla mayor y su tumba. El resto pertenece a la obra de Rajoy, consagrada en 1761 y dirigido por Alberto Ricoy. Gran fachada barroca e interesantes retablos interiores. Monumento importante es la *torre del Homenaje* del antiguo castillo de los condes de Andrade, construido entre los ss. XIV y XV y lo único que se conserva. Su antiguo espacio lo ocupa hoy la plaza del Conde y el edificio del Mercado.

Próximo el edificio de la antigua *Cátedra de la Latinidad* fundada en 1580 en la propia casa del regidor don Juan Beltrán, para que los hijos de la villa pudiesen cursar estudios. Pontedeume, acogedora en sus gentes, en sus plazas y paseos, con agradables e interesantes lugares en sus cercanías nos espera cada verano, todo el año, en especial los sábados en su magnífico feirón.

Señalemos a continuación posibles visitas de interés en los alrededores de la villa.

Capilla de San Miguel de Breamo, pequeño templo monacal con una nave, crucero y tres ábsides semicirculares, con interesantes rasgos arcaicos que la leyenda mezcla con un primitivo templo pagano o con una fundación de los caballeros templarios. En el s. XV existía una comunidad de canónigos regulares de S. Agustín. Alegre romería el 8 de mayo.

Monasterio-Colegiata de Caaveiro. Por la carretera de Hombre que sigue la orilla izquierda del río a unos 12 km, al final cerca de un refugio de pescadores dejaremos el coche, el resto a pie. Antiguo monasterio sobre una colina en la confluencia del río Eume con el Sesin, rodeado de una cornisa montañosa donde se desarrolla un impresionante bosque antiguo (la fraga del Eume). Paisaje que por sí solo, bien vale una visita. Además el templo y los restos de las construcciones monacales de los ss. XII y XIII. Parece, entre la hondura del bosque, los murmullos del agua y los olores silvestres, que el tiempo se ha detenido entre estos bloques graníticos. Una magia en el paisaje impedirá que olvidemos estas humildes piedras que esperan en los siglos, volver a ser santas de nuevo.

Castillo de Noguerosa, descrito más arriba, como un colmillo granítico destaca sobre la cornisa verde del horizonte.

Playa y Pinar de Cabañas, a la salida de la villa forma una amplia concha de fino arenal dorado, sobre aguas tibias y tranquilas, recortada sobre un pinar umbroso. Chiringuitos en la propia playa. Buenos servicios en sus proximidades (hoteles, restaurantes, pubs...)

Embalse del Eume. Saliendo de Pontedeume se coge la carretera (C-641) de Puentes de García Rodríguez a la derecha. Paisaje de interior siguiendo la orilla derecha del río. A 11 km *As Neves* con santuario de Nuestra Señora del s. XV y animada romería el 5 de agosto. Buenos restaurantes «enxebres» y una pista que baja hasta el lugar de Ventureira, veremos la presa hidroeléctrica.

Playa de Cabañas.

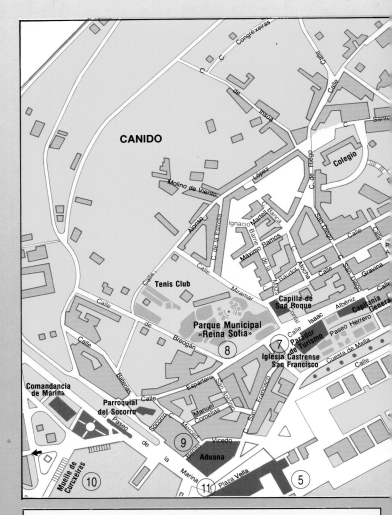

RUTA PROVINCIAL TERCERA

ITINERARIO 2. FERROL

PUNTOS A VISITAR

1. Museo Bello Piñeiro
Pinacoteca.
2. Cantón de Molins
3. Barrio de la Magdalena
4. Puerta del Dique
5. Arsenal. Dársena.
Museo Naval.
**6. Iglesia Parroquial-Concatedral
de San Julián**

7. Iglesia y Convento de San Francisco
En parte de su solar, el Parador Nacional de Turismo.
8. Parque Municipal Reina Sofía.
9. Ferrol Vello
Primitivo núcleo urbano.
10. Muelle das Curuxeiras
11. Cuartel de Instrucción
s. XVIII.
12. Castillo-prisión de la Palma
13. Castillo de San Felipe

ACCESO

Siguiendo la N-VI. Doblando en Fene por el Puente de las Pías.

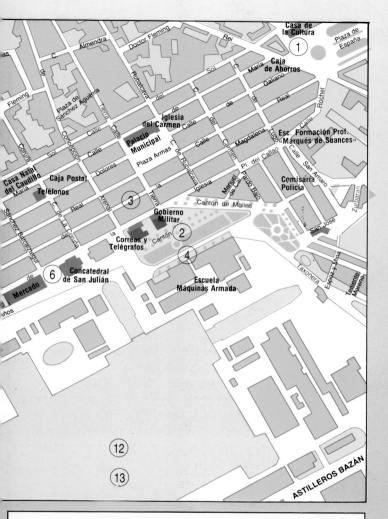

SERVICIOS EN LA RUTA

Hoteles:
• H-Residencia Almirante ***.
Frutos Saavedra, 2
122 habitaciones, ☎ 32 53 11
• Parador de El Ferrol ***.
Almirante Vierna, s/n
39 habitaciones, ☎ 35 67 20
• Hostal Almendra **.
Almendra, 4-6
40 habitaciones, ☎ 31 80 00
• Hostal Aloya **.
Pardo Bajo, 24
20 habitaciones, ☎ 35 12 31
• Hostal Ryal **.

Galiano, 43
40 habitaciones, ☎ 35 07 99
Restaurantes:
• Restaurante Barona.
Dolores, 52
• Restaurante O Parrullo.
Ctra. de Catabois, 401
• Restaurante Pataquiña.
Dolores, 35
• Casa Moncho.
Dolores, 44
• Restaurante O Xantar.
Real, 182
(En las afueras de la ciudad):

SALIDA AL PRÓXIMO ITINERARIO	Desde Ferrol hacia Cedeira.

RUTA PROVINCIAL TERCERA

ITINERARIO 2. (AMPLIACIÓN)
CEDEIRA • SANTA MARTA DE ORTIGUEIRA

PUNTOS A VISITAR

1. **Playa de Valdoviño.**
2. **Cedeira.**
Importante puerto pesquero.
3. **Sierra de la Capelada.**
4. **Santuario de S. Andrés de Teixido.**
5. **Ermita de S. Antonio de Correiro y faro de la Candelaria.**

6. **Cariño.**
7. **Cabo Ortegal.**
8. **Ortigueira.**
9. **Puerto de Bares.**

ACCESO	De Ferrol a Cedeira por la C-646.
FIN DE RUTA	Puerto de Bares.

SERVICIOS EN LA RUTA

Cedeira

Hoteles:
• París Saint Tropez *.
Paseo Generalísimo, 93
10 habitaciones, ☎ 48 04 30
Restaurantes:
• El Náutico
Almirante Moreno, s/n
• Brisa
Almirante Moreno, 8
• El Nido
Suevos, 9
• Puente
General Primo de Rivera, 1
• París Saint Tropez
Paseo Generalísimo, 93
Información turística:
• Ayuntamiento, ☎ 48 00 00

Cariño

Hoteles:
• Cantábrico **.
Rosalía de Castro, 1
12 habitaciones, ☎ 40 53 73
Restaurantes:
• Casa Chente. Piedra, s/n
• Cantábrico
Información turística:
• Ayuntamiento, ☎ 40 50 64

Ortigueira

Hoteles:
• Hostal La Perla **.
Avda. de la Penela, s/n
22 habitaciones, ☎ 40 01 50
• Hostal Monterrey *.
Avda. Generalísimo Franco, 105
10 habitaciones, ☎ 40 01 35
• Hostal Orillamar II *.
Carretera, s/n
27 habitaciones, ☎ 40 80 14
• Hostal Santa Marta *.
Lagarea, s/n
24 habitaciones, ☎ 40 01 96
Restaurantes:
• Santa Marta.
Ctra. Ferrol-Viveiro
• Mesón Soilán
General Franco, 115
• Orillamar
Plaza de San Antonio
Información turística:
• Ayuntamiento, ☎ 40 00 00

Ferrol. Museo Naval.

RUTA 3: EL GRAN ARCO ÁRTABRO: LA CORUÑA - FERROL

ITINERARIO 2: FERROL

Siguiendo nuestra ruta llegaremos a **Fene**, cruzaremos por el puente de las Pias, a nuestra izquierda las instalaciones de los Astilleros y Talleres del Noroeste (Astano), que hoy atraviesan una crisis de reconversión, fueron en los años 60 uno de los más importantes de Europa, llegaremos a **Ferrol.**

Una historia sobre el mar. En una crónica muy apretada destacaríamos la relación profunda de Ferrol y su puerto. Con noticias históricas desde el s. XI, se inicia una primera etapa que finalizará en el s. XV en torno a su puerto pesquero como principal motor económico. Villa de realengo, a partir de 1369 tras la crisis entre Pedro I y su hermanastro Enrique II, una de sus «mercedes» será entregársela como pago de sus servicios a la Casa de los Andrade. Contra ellos se iniciará en Ferrol con Rui Xordo en 1421 la primera guerra irmandiña.

La segunda fase o de consolidación se desarrolla desde el s. XVII. Las guerras contra Inglaterra descubren su aspecto estratégico, y favorecen la potenciación militar de su puerto, que será desde ahora el motor de su expansión. Su consumación lógica llegará con la etapa de gran política naval de los monarcas Borbones y de choque generalizado con Gran Bretaña durante el s. XVIII, su página mas brillante. En 1726 es elevada a capital de Departamento Marítimo del Norte. Luego el Astillero, el Arsenal, la Dársena; la Corona reabsorbe la dirección anulando el señorío nobiliario. La ciudad se adapta a su nueva función y se traza con el criterio racionalista de la época: dos plazas como ejes, Armas y Amboage; calles rectilíneas entre ellas siguiendo los ejes de las actuales Magdalena, Real, Galiano y Dolores, cruzadas por otras transversalmente. Todo tirado a cordel, formando un marco geométrico salpicado aquí y allá con

Puente de las Pias. Astano.

Calle Real.

la austeridad y el equilibrio del baluarte militar, del edificio religioso y de la zona residencial. Todo orientado hacia el mar, cerrado por una bahía estratégica de castillos y astilleros.

Desde entonces expansión y crecimiento irán ligados a la construcción naval. Sus altibajos marcarán las crisis urbanas.

Visita a Ferrol. Ayer y hoy. Al atravesar el puente de las Pías veremos a la izquierda el amplio barrio de Caranza, que sustituyó al de Esteiro, como polígono de descongestión. La N-VI se une con la antigua carretera, la llamada de Castilla, que bordea la ría por el puente de Jubia. Tomamos a la izquierda hacia la *Plaza de España*. En el sólido edificio de la Caja Postal, se encuentra el *Museo Bello Piñeiro*, interesante pinacoteca de artistas gallegos, que se inició con el legado de este pintor (horario de 12 a 14 h y de 17 a 22 h). Por la calle Galiano nos dirigiremos hacia la plaza de Armas, la bordearemos y dejando a nuestra derecha las entradas de la calle Dolores y Real descenderemos al *Cantón de Molins* (en sus aparcamientos podemos dejar el coche y hacer el resto del recorrido a pie). Cafeterías, pubs y mesones indican un espacio clásico de copas y movida. En esta zona del Cantón se encuentra el barrio de la Magdalena, principal núcleo urbano del Ferrol borbónico y el recinto de los astilleros, hoy Bazán, del s. XVIII. Veremos la antigua *Puerta del Dique*, de acceso al Arsenal, construida en época de Carlos III, es un buen ejemplo de arquitectura neoclásica.

El Arsenal, se puede visitar de 16 a 18 h todos los días laborables, previo permiso que se pide por la mañana en las propias oficinas. Enorme recinto, rodeado de murallas que se extiende por 24000 m^2. Gran Dársena. Fue en su momento (1750) de las primeras obras de España y ejemplo de armonización de la arquitectura militar e industrial. Sus trabajadores vivían en el antiguo barrio de Esteiro. Podemos ver también el *Museo Naval*, con fondos sobre la historia de la Armada Española.

Concatedral de San Julián.

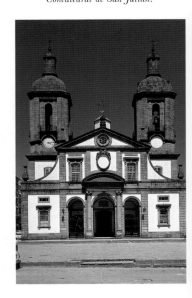

Castillo de San Felipe.

Siguiendo por la calle de los Irmandiños, veremos a la derecha la *Iglesia parroquial-Concatedral de San Julián,* Patrono de la Ciudad y su construcción neoclásica más importante. Según proyecto de J. Sánchez Bort, con planta de plan central, organizada en torno a una gran cúpula. Austera fachada según los cánones estéticos de finales del s. XVIII. Siguiendo por la calle de la iglesia encontraremos la *Iglesia y convento de San Francisco.* El antiguo edificio de los franciscanos fue levantado en el s. XIV por el conde de Andrade. Reconstruido y absorbido por la fuerte expansión urbana del s. XVIII, ya que se encontraba fuera de sus murallas. Sobre parte de sus instalaciones conventuales se levantó el actual Parador Nacional de Turismo. La iglesia con una fachada equilibrada y sólida que recurre al juego geométrico de forma y elementos clasicistas para su decoración, alberga en su interior un buen retablo mayor de Ferreiro y otras tallas interesantes. A mediados del s. XIX se transformó en iglesia castrense. Muy próximo el Palacio de Capitanía General y unos agradables jardines con una buena panorámica del puerto. Un poco hacia el norte comienza el amplio y exuberante *Parque Municipal Reina Sofía.*

Hacia el oeste nos dirigiremos hacia el *Ferrol Vello,* núcleo de los ss. XIII y XIV de la primera villa, en torno a su puerto pesquero. En gran parte reedificado después del gran incendio de 1568. Pero entre sus callejuelas y locales se conserva aún el sabor y tipismo de otros tiempos. El muelle antiguo, das Curuxeiras, está próximo a la actual plaza del Marqués de San Saturnino, allí se eleva el alargado y espléndido edificio del Cuartel de Instrucción, del s. XVIII. Existe un servicio de barcos a Mugardos.

En la desembocadura de la ría, pero necesitaremos el coche para su visita, forman guardia como seculares centinelas dos baluartes militares originarios del s. XVI (época de Felipe II) para vigilar y cerrar su entrada, mediante una cadena tendida entre ambos, reconstruidos ambos en el s. XVIII.

Castillo de la Palma, en la margen izquierda, es actualmente prisión militar (el teniente coronel Tejero fue últimamente el más conocido).

Castillo de San Felipe, en la margen derecha, en La Graña, a unos 5 km, es un modelo de fortaleza militar de la época.

El ambiente nocturno de tapeo y copas y discotecas se encuentra en la zona del Cantón y en las diagonales que van de la plaza de Amboage a la de España, principalmente entre las calles Sol, María y Dolores.

En el mes de julio se celebran en los recintos de Punta Arnela, la *Feria de Muestras del Noroeste*.

ITINERARIO 2 (ampliación)

De Ferrol por la C-646 hacia Cedeira. Atravesaremos una buena zona de playas, con interesantes paisajes Porto, la Flouxeira o **playa de Valdoviño**, un arenal de más de 3 km con una laguna donde desagua el río Vilar formando un importante ecosistema en el que anidan gran cantidad de aves o descansan en sus migraciones de primavera y otoño. Pantín, Villarrube y **Cedeira**. Importante puerto pesquero y villa agradable con buen ambiente veraniego que crece con un urbanismo inteligente como puede observarse en la plaza del Sagrado Corazón. Playa de Area Longa, paseo ma-

Sanandreses de miga de pan.

rítimo y clásicos restaurantes con afamada gastronomía.

En la próxima **Sierra de la Capelada**, el famoso Curro que se celebra cualquier día del mes de junio con la «rapa e o marcaxe» de los potros salvajes.

Santuario de S. Andrés de Teixido, con su romería el 8 de septiembre. «De vivos ou de mortos, todos te virán a ver». Magnífica vista panorámica.

Ermita de S. Antonio de Corveiro y el Faro de la Candelaria. Podemos seguir viaje hacia *Cariño*. Ver su importante puerto pesquero y visitar el impresionante paisaje del **Cabo Ortegal**, la **Punta dos Aguillóns** y el cercano acantilado con la cara vertical más alta de Europa. Bordeando la vía de Santa Marta que formó el río Mera, nos trasladamos a **Ortigueira**.

A continuación la ría del Barqueiro en la que desagua el río Sor, límite con la provincia de Lugo. Cerca de la Punta Estaca de Bares, el puerto de Bares, punto mas septentrional de la península Ibérica, con su coído o puerto de posible origen fenicio.

Toda una costa en la que alternan los peñones rocosos y los arenales amplios, salvajes con aguas limpias y muy frías y las pequeñas y bellas ensenadas en las que se extiende la concha blanca de su caserío marinero. Ambiente y paisaje realmente atrayente.

Ría de Cedeira.

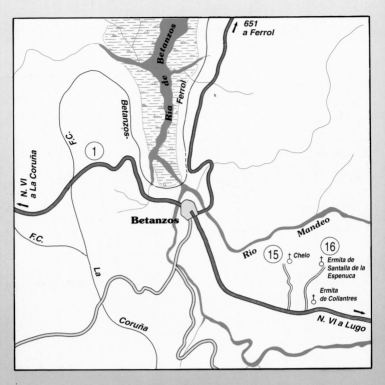

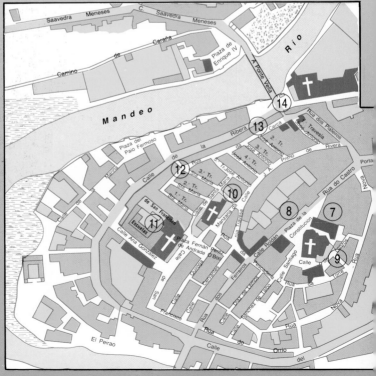

RUTA PROVINCIAL CUARTA

ITINERARIO 1: LA CORUÑA • BETANZOS

PUNTOS A VISITAR

1. O Castro
Instalaciones de Cerámicas del Castro. Interesante edificación. Exposición y venta, Castro y Sargadelos. Museo de Pintura «Carlos Maside».
2. Plaza de García Hermanos. Centro urbano y lugar de ferias y romerías.
3. Convento de Santo Domingo Hoy parroquial. Importante fiesta a su patrón, S. Roque, el 16 de Agosto.
4. Edificio del Archivo.
5. Antiguo Colegio de Huérfanas

6. Museo de las Mariñas
7. Palacio de Bendaña
8. Plaza de la Constitución. Palacios Municipal y Lanzós.
9. Iglesia de Santiago
10. Iglesia de Santa María de Azogue
11. Iglesia Conventual de S. Francisco
12. Porta do Cristo
13. Casa Gótica del s. XV. La más antigua de Betanzos.
14. Ponte Vella Con restos de murallas
15. Chelo
16. Ermita de Santaya de la Espenuca

ACCESO

Avenida de Alfonso Molina y Carretera N-VI, dirección a Madrid.

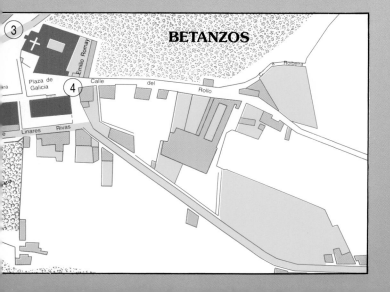

Betanzos. Chelo, puente y bañistas.

RUTA 4: BETANZOS Y LA RUTA INTERIOR DE LOS MONASTERIOS

ITINERARIO 1: LA CORUÑA · BETANZOS

Esta ruta transcurre sobre un paisaje de interior, que sin la luz y la moderación de la costa, se nos aparece duro, agreste, pero con rasgos propios que lo hacen profundamente atrayente. Bosque y montaña colaboran con esa intimidad del espacio poco transitado, que guarda para nosotros facetas no prodigadas, rasgos diferentes y únicos. Es la ruta de las santas soledades, de los monasterios, el descubrimiento del espíritu en hondo contacto con la naturaleza. Aguas que bajan de altas tierras lejos de ruidos mundanos, que acercan a la silenciosa presencia de Dios. Árboles antiguos, viejas ermitas, sagradas piedras monacales nos aguardan en esta ruta de tradiciones y costumbres seculares alteradas tan sólo en estos últimos años por la emigración y la expansión de los medios de comunicación.

Salimos de La Coruña por la N-VI, avenida de Alfonso Molina, Puente del Pasaje y dirección Madrid. A unos 13 km, en el Espíritu Santo y bien indicado, una carretera a la izquierda nos conducirá a *O Castro*, a unos 3 km y aconsejable la visita, encontraremos un edificio colorista y de perfiles vanguardistas y las instalaciones de Cerámicas del Castro con sus obradores artesanales, Sala de Exposiciones y despacho de ventas, de cerámicas del Castro y Sargadelos. Una original escalera aérea comunica los diferentes módulos de sus plantas, concebidos como estructuras abiertas hexagonales para acoger futuras ampliaciones según proyecto del arquitecto L. Fernández-Albalat. En una de ellas el *Museo de Pintura «Carlos Maside»*, con fondos selectos e importantes sobre el arte y la plástica contempóranea de Galicia.

Siguiendo nuestra ruta llegaremos, tras desviarnos de la N-VI a *Betanzos.* El núcleo actual no transparenta su importante pasa-

O Castro. Museo Carlos Maside.

Betanzos.

Calle de Betanzos.

do. Sólo sus edificaciones antiguas insinúan su grandeza histórica. Centro de una rica comarca, Las Mariñas, y con un activo puerto comercial, la villa jugó un importante papel en los siglos medievales y modernos. Fue una de las siete capitales en que se dividía el Reino de Galicia. Los grandes linajes del país tenían en Las Mariñas sus casas solariegas, en Betanzos sus palacios urbanos. Conventos e iglesias van ocupando los otros solares de la villa, dando lugar a un conjunto monumental y de suma importancia artística. «Los ojos no se cansan de escudriñar tanta caprichosa filigrana como enriquece este caserío rancio», dejó escrito doña Emilia Pardo Bazán. En 1970 se declara conjunto histórico-artístico, el casco antiguo de la ciudad, cuyo centro es la *Plaza de García Hermanos*, y las calles que suben o bajan como torrentes formando un laberíntico entorno. Popularmente se la conoce como «Plaza del Campo» por las ferias y romerías que allí se celebran los 1 y 16

de cada mes. En ella veremos el *Convento de Santo Domingo*, actualmente parroquial desde la exclaustración de sus monjes. Del siglo XVIII. El 16 de agosto, fiesta del patrón S. Roque, se suelta por la noche, delante del templo, el famoso y gigantesco globo de papel pintado con las alegorías de los acontecimientos del año.

Edificio del Archivo, gran caserón neoclásico según proyecto de Ventura Rodríguez, de finales del

Museo de las Mariñas.

s. XVIII, levantado para Archivo General del Reino de Galicia, se dedicó sin embargo a diversos usos municipales.

Fuente de Diana Cazadora, fundida en París inspirándose en el modelo del palacio de Versalles, se instaló a mediados del s. XIX.

Antiguo Colegio de Huérfanas, actualmente sede de la Biblioteca Municipal. En el antiguo Centro de Higiene se ubica el actual *Museo de las Mariñas*, que recoge desde los restos arqueológicos hasta los históricos y tradicionales de la comarca betanceira. Puede visitarse en horario de 9 a 14 h.

Si salimos por la *Puerta de la Villa*, nombre que recuerda el antiguo portalón demolido con sus murallas en el pasado siglo, subiendo por la calle del Castro (a este Castro de Untia se trasladó en 1219 la población del primitivo Betanzos), a la derecha unos soportales corridos indican el lugar donde los condes de Andrade tuvieron su palacio y luego una cárcel municipal; a la izquierda el palacio de Bendaña, remodelado en el s. XVIII que conserva elementos anteriores en sus arcadas góticas, llegaremos a la llamada plaza Real, hoy *Plaza de la Constitución*. Allí se encuentra el *Palacio*

Municipal, un edificio de proporciones equilibradas y severa elegancia como exige el estilo neoclásico. Comenzado en 1778 por Ventura Rodríguez. Podemos también observar el *Palacio de Lanzós*, construido en el s. XVII. Frente a él la *Iglesia de Santiago*. En su *fachada principal* una interesante decoración escultórica representa a Santiago ecuestre y a Cristo sedente en la clave de las arquivoltas. Apóstoles y santos sobre sus arcos. *Interior*, planta basilical, de tres naves y tres ábsides, poligonales el central y el de la epístola y rectangular, modificado, el del evangelio por la construcción de la sólida torre municipal. Destacan las capillas señoriales y sepulcros nobiliarios, en particular la más próxima al lado de la epístola que se cierra con artística rejería realizada por Guillén de Bourse y un magnífico retablo atribuido a Cornelio de Holanda, la filigrana y la ornamentación plateresca del s. XVI decora esta capilla donde también se encuentra el sepulcro de Pedro de Ben, su fundador. El templo es buen ejemplar del estilo ojival de finales del s. XIV, que fue construida por Fernán Pérez de Andrade palpable por la reiteración de sus escudos emblemáticos.

Bajando desde la plaza por la Rúa dos Ferreiros, de claras reminiscencias gremiales, llegaremos a *Santa María de Azogue*, reedificada sobre otra anterior de finales del s. XII, por F. Pérez de Andrade, parece que la portada principal pertenece al primitivo templo, románico de transición, S. Gabriel y la Virgen desarrollan el tema de la Anunciación en los flancos; el tímpano la Adoración de los Magos. *Interior*, de planta basilical, de tres naves y tres ábsides. Importante retablo mayor formado por 14 cuadros escultóricos de bella factura que Andrade *el Mozo* adquirió en Lovaina en el s. XV.

Santa María del Azogue, exterior y tímpano.

aparecieron a finales del s. XIX. Sin duda, lo más interesante del templo, lo único conservado, son su colección de sepulcros señoriales de la nobleza local de los ss. XIV al XIX con sus epitafios y blasones. El más importante el de Andrade *el Bueno* en el fondo de la iglesia, sobre los emblemáticos oso y jabalí. En sus laterales escenas cinegéticas. El conde yacente sobre la lauda. Una inscripción nos da el año de 1287. Actualmente el sepulcro está vacío.

Murallas y Puertas, se conservan restos de sus antiguas murallas, y de tres puertas (la del Puente Nuevo, el Cristo y el Puente Viejo). Es conveniente un paseo por las calles transversales que de Santa María bajan a la Ribera por sus edificios, rin-

Robadas a finales de 1981 tras peripecias detectivescas fueron recuperadas poco después. Próxima la *Iglesia Conventual de San Francisco*. También reedificada reformada por Andrade o Bo, en un gótico del XIV, conserva evidentes tradiciones románicas en su decoración. Su claustro y dependencias conventuales des-

cones y perspectivas que podemos contemplar.

Típico ambiente popular los días de feria. Buenos vinos autóctonas y fiestas multitudinarias en las patronales y en los *Caneiros*. De los viejos muelles, que el río Mandeo cegó en parte con sus sedimentos, parten los días 18 y 25 de agosto numerosas barcas engalanadas hacia esta romería al pie de la Espenuca, de las más típicas y famosas de Galicia.

La visita a este magnífico paraje, también podemos realizarla en cualquier época del año. Siguiendo la carretera N-VI veremos la pequeña iglesia de Collantres, románica del s. XII y una pista a la izquierda que nos conducirá hasta la *Ermita de San-*taya de Espenuca, que fue originariamente la iglesia adosada a un pequeño monasterio que ya existía con anterioridad al s. XII cuando se construyó el templo. Conserva éste su estructura románica. Unos escalones permiten el descenso a su planta.

Chelo, de vuelta a Betanzos podemos visitar este pintoresco lugar. Una pista señalizada nos indica la desviación a la derecha. Un bosque umbroso, los rápidos de aguas limpias, conforman un atrayente paisaje y una buena zona de pesca.

Saliendo de Betanzos por la C-640 hacia Paderne e Irixoa, en Mántaras sobre la pendiente del monte S. Antón la *Ermita de San Cosme*.

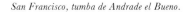

San Francisco, tumba de Andrade el Bueno.

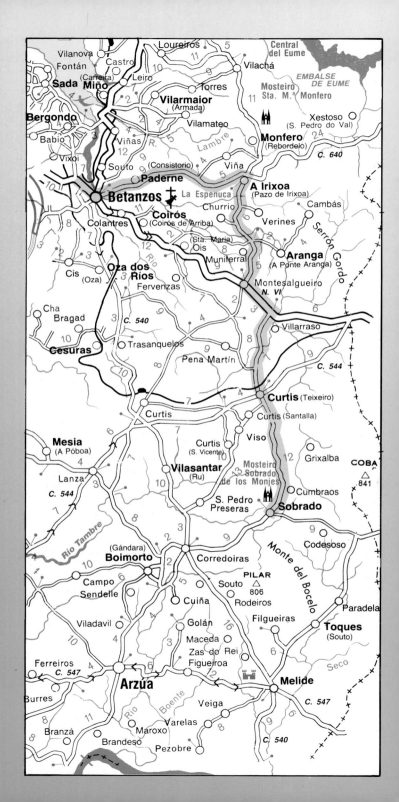

RUTA PROVINCIAL CUARTA

ITINERARIO 2: BETANZOS • MONFERO • SOBRADO

PUNTOS A VISITAR

1. Ermita de S. Cosme
Románica.
2. Monasterio de Santa María de Monfero.
En proceso de restauración
3. Real Monasterio de Santa María de Sobrado.
Restaurado

ACCESO

Saliendo de Betanzos por la C-640 hacia Irixoa

SERVICIOS EN LA RUTA

Estaciones de Servicio en Montesalgueiro, Teijeiro, Corredoiras.

Betanzos
Hoteles:
• Los Ángeles *. Los Ángeles, 11. 36 habitaciones, ☎ 77 15 11
• Barreiros *. Argentina, 6. 9 habitaciones, ☎ 77 22 59
Restaurantes:
• Casanova.
Plaza García Hermanos
• Edreira.
Linares Rivas, 8
• Mesón do Pulpo.
Valdoncel, 3
• Muiño Roxo.
García Naveiro, 69
• Las Casillas.
Ctra. Madrid.
Información Turística:
• Ayuntamiento. ☎ 77 00 11

Sobrado
Hoteles:
• S. Marcos *. Pza. Portal, 49 ☎ 78 94 27
Restaurantes:
• O Mesón
• Médico. Plaza Portal s/n
• Farmacia. Fuente del Palomo, 2
• Talleres Mecánicos.
Ctra. Friol, s/n
Información Turística:
• Ayuntamiento. ☎ 79 90 08
Monfero
Restaurantes:
• Casas de comidas en la Carretera y en Rebordelo.
Información Turística:
• Ayuntamiento. ☎ 79 30 85
Rebordelo
• Talleres Mecánicos.
Ctra. Friol, s/n

SALIDA AL PRÓXIMO ITINERARIO

De Sobrado a Corredoiras y por la C-540 a Melide.

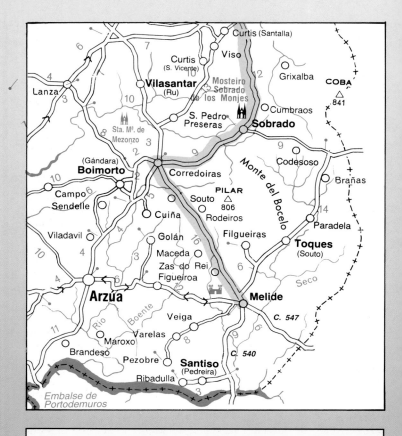

RUTA PROVINCIAL CUARTA

ITINERARIO 3: MELIDE • MEZONZO • REGRESO

PUNTOS A VISITAR

1. Melide
2. Iglesia de Santa María.
3. Iglesia de S. Pedro
4. Antiguo convento de Sancti Spiritus

5. Palacio del Marqués de Cervera
6. Capilla de San Antonio
7. Museo Terra de Melide
8. Ponte Furelos
9. Santa María de Leboreiro
10. Castillo de Pambre
11. Santa María de Mezonzo

ACCESO

De Sobrado a Corredoiras y por la C-540 hacia Melide

SERVICIOS EN LA RUTA

Melide
Hoteles:
• Estilo *. Progreso, 6.
☎ 50 51 53
Restaurantes:
• Estilo. Progreso, 6

• Parrillada Rúa. Avda. Lugo, 6
• Sony. Ctra. de La Coruña
Información turística:
• Ayuntamiento. ☎ 50 50 03
• Talleres mecánicos.
Ctra. de Lugo s/n

RUTA 4: BETANZOS Y LA RUTA INTERIOR DE LOS MONASTERIOS

ITINERARIO 2: BETANZOS · MONFERO · SOBRADO

Ermita de S. Cosme, románica, con un aire limpio entre amplios horizontes sobre las rías de La Coruña y Ferrol. En Irixoa se tuerce a la izquierda por un paisaje de montaña, de denso pinar escalando sus laderas que fue expulsando a los robles centenarios. A unos 8 km después de Rebordelo, una pista serpenteante nos conduce al *Monasterio de Santa María de Monfero*, a 21 km de Betanzos, en el centro de los montes Cela y Moscoso, entre las cuencas del Eume y del Lambre, en medio de un paisaje de verdes silencios, se nos aparece el cenobio como un lugar ideal para la oración, el estudio y el trabajo. Como los grandes monasterios gallegos tiene dos etapas de florecimiento, la románica (fundado por Alfonso VII que colocó su primera piedra el 3 de mayo de 1114, para monjes cluniacenses que poco después tomaron el hábito del Císter) con la concesión de privilegios y donativos base de su futura riqueza; la época de crisis renacentista y último gran esplendor en los ss. XVII y XVIII que se traduce en grandes reformas, remozamientos y ampliaciones. El s. XIX durante la época de la Desamortización, la exclaustración de sus monjes y la venta pública de sus bienes, sobreviene la decadencia definitiva del monacato gallego. En algunos, como en Monfero, se acometen estos últimos años, obras de restauración. La construcción actual pertenece al estilo barroco, sólo algunos restos y elementos nos delatan vestigios de la primitiva edificación.

Fachada principal. Realizada entre 1645 y 1655 nos presenta un cuerpo dinámico corrido por cuatro monumentales columnas y dos pilastras estriadas de orden corintio, que aparece decorado con ventanas y frontones rotos encima de hornacinas, sobre un fondo ajedrezado de granito y pizarra, rocas fundamentales del solar gallego.

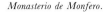

Monasterio de Monfero.

Interior de cruz latina con una nave de amplias dimensiones, que se cubre con una bóveda decorada con casetones; en el crucero gran cúpula, y en su brazo norte un altar pétreo construido a mediados del s. XVII, dedicado a la Virgen de la Cela, de gran devoción en la comarca por la creencia en sus favores curativos, los cuales se piden o se pagan con limosnas y exvotos de cera que decoran el lugar.

Claustros. En 1611 se terminó el *principal* realizado en un estilo gótico final y se cubre con bóveda estrellada. Su frente central aún se conserva. El *Refectorio* o comedor también de esta época se encuentra derruido. La *Sacristía* es de comienzos del s. XVIII, y de finales del mismo la *Sala Capitular* con bóvedas sobre interesantes columnas exentas. El otro claustro, el de la *Hospedería*, es barroco con pilastras y ventanas en el segundo cuerpo, y no llegó a terminarse por la exclaustración de los monjes.

Tuvo fama su *Scriptorium* donde llegaron a trabajar más de 70 monjes transcribiendo los libros y códices que otros traían de lejanas bibliotecas hispánicas y europeas. Se habló de su *Biblioteca* como de las más famosas tanto por el número de ejemplares como por la rareza y la importancia de sus manuscritos.

Un paseo entre sus piedras de triste destino servirá para pensar en tanta grandeza derruida, en tanto saber perdido, que hoy lentamente se restaura.

Volviendo a Irixoa, dirigiéndonos hacia Montesalgueiro en la N-VI, saldremos a la derecha por A Castellana con dirección a la estación de Teixeiro. A 12 km por carretera, se accede a S. Pedro da Porta, valle del alto Tambre, donde se alza el *Real Monasterio de Santa María de Sobrado*. Fundado

en el año 952 por el obispo de Iria, Sisnando y sus padres, 'el conde Hermenegildo y su mujer la infanta Paterna, en el que acabaron sus días, necesitará a mediados del s. XII una refundación a consecuencia de su deterioro. Esta vez por los condes de Traba y con una comunidad de cistercienses venidos desde Claraval, en Francia. Luego la crisis, el esplendor y las remodelaciones barrocas, la exclaustración y el expolio desamortizador desde 1837. La recuperación de sus ruinas comienza a partir de 1952, año de su milenario, que ha salvado sus estructuras esenciales, para recrear, de nuevo, su perdida vida monástica de oración y cultura.

Del monasterio medieval, levantado en la segunda mitad del s. XII sólo quedan algunos vestigios románicos en la Sala Capitular, en la capilla de la Magdalena y unos sarcófagos con estatuas yacentes, góticos, de los siglos XIV y XV. Lo demás fue construido a partir del s. XVI y en parte restaurado, con criterios diversos últimamente. Puede observarse el renacimiento y especialmente el barroco típicos del monacato gallego. Esta mezcla de estilos hace de este monasterio un auténtico libro de piedra sobre la historia y el arte de Galicia, y uno de los más espléndidos e importantes de España.

Fachada. De impresionante y enorme proporción y minuciosidad ornamental que ha dejado huella en todas sus piedras de 1666.

Una calle central recorrida por columnas pareadas de estilo corintio y fustes estriados y decoración vegetal, que sostienen un ornamentado entablamento y un frontón curvo partido y sobre el que se proyecta el cuerpo superior: ventana, escudo, frontón con estatuas como pináculos en sus extremos. El conjunto enmarcado

Monasterio de Sobrado.

entre los cubos sobre los que descansan sus torres, que dibujan elegantes juegos de piedra y ritmos de formas insertadas. Sobre la puerta una hornacina, la Virgen entre columnas salomónicas. La decoración barroca de la fachada resalta más al compararla, a la derecha en ángulo, con la neoclásica del monasterio.

LOCALIZACION EN EL PLANO-PLANTA

1. Portería
2. Claustro de peregrinos. S. XVII
3. Caballerizas. S. XVII
4. Escalera principal. S. XVII
5. Hospedería
6. Claustro de los medallones. S. XVII
7. Cocina monumental. S. XIII
8. Antiguo comedor
9. Sala capitular. S. XII
10. Iglesia mayor. S. XVII

11. Sillería del coro. S. XVI-XVII
12. Capilla del Rosario. S. XVII
13. Capilla de la Magdalena. S. XII
14. Paso a la sacristía
15. Sacristía. S. XVI
16. Capilla de reliquias. S. XVII
17. Comedor actual de la hospedería
18. Claustro mayor o conventual. S. XVII
19. Comedor actual de la Comunidad. S. XVII
20. Vivienda de la Comunidad. S. XVII
21. Solana y galería de la hospedería. S. XVII

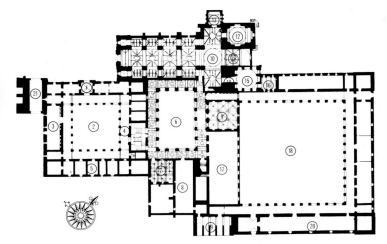

Fachada del Monasterio.

Interior. Planta de cruz latina y de tres naves. Se cubre con bóveda de cañón con lunetas. Cúpula sobre pechinas en el crucero. Todo su interior rica y profusamente decorado con orlas vegetales, juegos de molduras, corazones y cruces.

El autor de ambos fue Pedro de Monteagudo, precursor de la introducción y triunfo del barroco en Galicia.

Capillas. En el lado izquierdo y abierta al brazo del crucero, la del *Rosario* o del Sagrario. Riqueza, profusión y variedad ornamental caracterizan a esta primera capilla barroca de Galicia. En el lado derecho la de la *Sacristía,* construida sobre 1570, atribuida a Juan de Herrera y una pequeña obra maestra del estilo renacentista. La comparación está servida entre estos dos modelos de sensibilidad y ejecución artísticos.

Coro. A la riqueza monumental de la iglesia hay que añadir el acierto de la colocación en su capilla mayor del antiguo coro renacentista de 1599 de la Catedral de Santiago, obra de Juan da Vila y Gregorio Español, por sus tallas preciosistas y su filigrana ornamental lo elevan a la categoría de magistral y de los más importantes de Galicia.

Claustros. Penetramos en el recinto monacal por el de la *Hospedería,* comenzado en 1623. Aquí se encuentra la Portería y las dependencias monásticas en las antiguas caballerizas. De él parte la escalera principal que conducía al Archivo y Biblioteca. A continuación el segundo claustro, el de las *Procesiones*, de mediados del s. XVIII, también llamado de las Caras, por los medallones que decoran los dinteles de sus ventanas. A este da la *Sala Capitular*. El tercero, llamado *Claustro Grande* sobre su lado este, de lenta construcción que abarcó desde el s. XVI al XVIII.

Interesante también la visita a la antigua *cocina* monástica.

Cerca del monasterio existe una laguna. Otra vez el canto gregoriano se oye en su valle. La restauración de ruinas y piedras ha permitido, de nuevo, la vida retirada y santa en el monasterio de Sobrado.

De Sobrado salimos a Corredorias y desde aquí tomamos dirección a Melide.

Claustro grande.

Sala Capitular.

Melide. Iglesia parroquial.

RUTA 4: BETANZOS Y LA RUTA INTERIOR DE LOS MONASTERIOS

ITINERARIO 3: MELIDE · MEZONZO

Melide (antes Mellid). Rica villa de interior, centro de una comarca agrícola, forestal y ganadera, nudo de comunicaciones y de comercio. Tierra de viejo poblamiento castreño. Etapa medieval en el Camino de Santiago. Tiene una estructura de pueblo-calle, de casas con balcones sobre el monte y la rúa. Es el centro geográfico de Galicia.

Su emplazamiento primitivo estaba situado un poco al sur de su actual casco urbano, todavía se conoce como «Burgo Vello». Cerca la *Iglesia de Santa María*, románica de la segunda mitad del s. XII, con interesante portada. Templo de una nave y ábside semicircular, donde se descubrió importante decoración pictórica con temas de la Trinidad, Evangelistas, Apóstoles, etc., que pueden datarse de finales del s. XV,

por los caracteres góticos de las leyendas.

En el siglo XIII, Alfonso IX autoriza otra repoblación próxima a lo que es el centro urbano. Aquí se construyó una nueva iglesia parroquial, *iglesia de S. Pedro*, que ha perdido gran parte de construcción primitiva. Cerca un crucero del s. XIV, considerado como uno de los conservados más antiguos de Galicia.

Convento de Sancti Spiritus, de finales del s. XIV, construido para la Tercera Orden de S. Francisco, actualmente iglesia parroquial. Conserva la capilla antigua de planta rectangular del gótico final, que cubre con bóveda estrellada. Posee interesantes sepulcros señoriales del s. XV. Tiene pinturas tanto en el claustro bajo, como en el frontal de la capilla mayor, uno de los pocos decorados que se conservan del s. XVI, buen retablo e imagen de la Virgen y magníficas vestiduras barrocas. Próximo a la parroquial el *Palacio del Marqués de Cervera*, en un estilo barroco del s. XVII, que

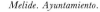

Melide. Ayuntamiento.

Melide. Santa María, pinturas del ábside.

resulta austero por su dedicación a centro de estudios, fundado por el arzobispo Mateo Segade con el nombre de Obra Pía de S. Antonio. Actualmente sede del Ayuntamiento. Contigua la *Capilla de San Antonio*, construida en 1671 bajo supervisión de Domingo de Andrade, con labor escultórica de Mateo del Prado en los sarcófagos de su interior. Próximo, el *Museo Terra de Melide*. Creado en 1982, para albergar y exponer los restos arqueológicos que las excavaciones iban recuperando en esta tierra rica en vestigios del pasado. También se exhibe el utillaje más característico de los oficios y labores tradicionales de su comarca: zoqueiros, ferreiros, telares, instrumentos de música popular, etc. Abierto al público entre las 10 y las 14 h y de 16 a 20 h.

Otra muestra del carácter de Melide, son sus ferias, los jueves y los días 15; y la *Feria Grande*, la más antigua, que se celebra el último domingo de cada mes, en las que parece revivir todo el pasado rural del país gallego. Posee la villa alrededores con paisajes atractivos e interesantes restos arqueológicos.

Hacia el este, por la carretera de Lugo, esta el *Ponte Furelos*, lugar de tránsito de peregrinos jacobeos, y próximo, posibles restos de una calzada romana. Siguiendo ruta nos encontraremos con la *Iglesia de Santa María de Leboreiro*, con importantes pinturas del s. xv, descubiertas en la reciente restauración. Poco después por una carretera que se desvía a nuestra derecha, llegaremos al *Castillo de Pambre*, solar de los Ulloa, fortaleza militar, con capilla, murallas y torre del homenaje, según tipo del *Donjon* francés, que lo hicieron inexpugnable y el único castillo que no pudo tomar la revuelta irmandiña.

La vuelta a La Coruña, podemos realizarla siguiendo la carretera de Lugo a Compostela C-547, hacia *Arzúa*, etapa próxima del «Camino de Santiago», tierra de buenos quesos, de grato comer en mesones y de pazos cercanos al trayecto, destacando el de Villar de Ferreiros, en Santiso; y el de Brandeso próximo a Arzúa. Llegaremos a Santiago, que ya hemos desarrollado en otra ruta, donde descansaremos o regresaremos a La Coruña.

Otra alternativa es salir de Melide por la C-540 en dirección a Betanzos. Atravesaremos de nuevo el paisaje agreste de los montes Bocelo y Corredoira. Poco antes de Vilasantar, a la izquierda, una pista nos llevará a la *Iglesia del Monasterio de Santa María de Mezonzo*. Posiblemente un antiguo monasterio del s. ix, donde se formó S. Pedro de Mezonzo, a me-

Museo de Terra Melide.

diados del s. X, autor en aquellos tiempos de derrota y crisis cristiana frente al empuje musulmán, de esa oración de esperanza y amparo que es la Salve. Destruido este monasterio e iglesia, de la que hay restos en capiteles, en la pila del agua bendita y en los fustes de mármol de las columnas de la portada principal. El resto conservado de la iglesia, pertenece al estilo románico de finales del s. XII. Bien restaurada, de planta basilical con tres naves y tres ábsides semicirculares, con decoración exterior de influencia lombarda. También han desaparecido los tímpanos de sus portadas. El tiempo y la exclaustración de sus monjes hicieron desaparecer el monasterio; la iglesia ha quedado como recuerdo en piedra, de su perdida congregación.

En la ruta de regreso, Curtis, Oza de los Ríos y Betanzos, al final La Coruña. Buen regreso y feliz estancia.

Monasterio de Mezonzo.

ÍNDICE

ÍNDICE

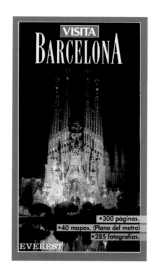

COLECCIÓN EVEREST

VISITA

   La experiencia acumulada por Editorial Everest en la realización de guías turísticas y su total cobertura de todo el territorio español, constituyen el mejor aval de esta nueva colección de guías, planteada con criterios profundamente renovadores, tanto en su presentación como en su contenido.

   Cobran en ella especial importancia aspectos que hoy suscitan mayor atención, como la gastronomía, el folclore y las artesanías locales; se da mayor relieve a la información práctica; y, finalmente, se estructuran en rutas detalladas, con todo lujo de planos y mapas, para permitir sacar el máximo partido del tiempo.

- Ávila
- Barcelona
- La Coruña
- Girona y Costa Brava
- Segovia
- Sevilla
- Valladolid
- Los Monasterios - Hospederías de España
- La Alpujarra Alta y Sierra Nevada
- El Parque Nacional de Cazorla, Segura y las Villas
- El Parque Nacional de Doñana
- Los Picos de Europa